DEVOUEMENT

ET

RECONNAISSANCE

DÉVOUEMENT

ET

RECONNAISSANCE

AUTOUR D'UN ASILE PYRÉNÉEN

PAR

L'ABBÉ J. PAILHÉ

TARBES

IMPRIMERIE ÉMILE CROHARÉ

Place Maubourguet et rue Massey.

1888

A MES AMIS

Charles et Yvon de la BÉDOYÈRE

Vous rappelez-vous, mes chers amis, les heureux
moments passés là, ensemble, sous le grand chêne?
Un soir surtout .. heureux soir ! L'air était pur,
les Pyrénées, au loin, perdues dans un nuage
transparent, encadraient le paysage, tandis qu'à
nos pieds le val du Néez s'étendait. Gan était là,
sous notre main ; nous regardions les collines sur
lesquelles ondule la route, et les petits vallons verts
« plantés de frênes et d'aunes qui se groupent en
bouquets selon le caprice des pentes et trempent
leurs pieds dans l'eau vive » ; puis nos yeux
s'abaissaient vers le ruisseau qui court le long de la
route, à flots sombres sous le couvert des

arbres, et, par échappées, brillant et bleu comme le ciel. Et notre imagination vaguait parmi toutes ces sinuosités dont chacune était un souvenir. Nous remontions ensuite la petite rivière pour la voir sourdre en bouillonnant de la fameuse grotte tant de fois visitée par nous. Oh ! comme nos âmes étaient légères et bien disposées à écouter la voix des œuvres de Dieu ! Vous l'entendiez, enfants, et moi avec vous, et l'enthousiasme débordait de vos jeunes cœurs si purs et si aimants ! « Qu'il fait bon être ici, disiez-vous, loin du bruit du monde et de ses égoïsmes, en face de la nature et de Dieu ! »

Plus que vous convaincu de la vérité de vos paroles, je ne pouvais pourtant, ô mes amis, laisser vos âmes innocentes s'adonner à la tristesse et sonder les bas-fonds de la misère humaine. Vous parliez d'égoïsme, or un homme s'était rencontré sur mon chemin, personnifiant, à mes yeux, la vertu la plus chère au cœur des hommes, la RECONNAISSANCE.

Je vous contai son histoire : vous daignâtes l'entendre jusqu'au bout, et, dignes fils de la plus chrétienne et de la plus indulgente des mères, m'assurer qu'elle pourrait trouver écho auprès de quelques âmes. Je me hâtai d'écrire ces pages. Telles qu'elles sont, je les livre au public avec tout le décousu d'une correspondance fidèlement transcrite. Je vous les dédie, mes chers amis, comme un souvenir des jours pleins de bonheur que vous m'avez faits chez vous.

J. PAILHÉ.

Mon Repos, 25 juin 1888 (Fête de saint Guillaume).

CHAPITRE I

FUTUR MILLIONNAIRE

CHAPITRE I

FUTUR MILLIONNAIRE

Au fond des Pyrénées, dans un modeste village, on se montre un édifice grand, qui contraste avec le reste des habitations : c'est un temple de la charité, un asile de vieillards, l'*Hospice Saint-Jean-Baptiste de Guchen*. Pourquoi cet édifice ? Quelle en est l'histoire ? Bien des curieux m'ont posé cette question, et voici la réponse que je leur ai faite.

Le 18 avril 1818, naissait à Guchen un pauvre enfant. « Un de plus pour la misère et les souffrances de la vie », dut-on se dire. Et, en effet, l'année était rude, on avait peine à vivre. Le pays à peine sorti de ces cruelles années de batailles où le sang de nos jeunes gens coulait si généreusement et si inutilement, hélas! se ressentait encore des sacrifices d'hommes et d'argent qu'il avait dû subir pour faire face à l'ennemi. On souffrait à Guchen quand naquit Guillaume Rolland. L'honnêteté de ses parents faisait toute leur fortune. Son père Benoît, paysan robuste, laborieux, peu instruit, mais d'un bon sens et d'une finesse d'esprit qui lui tenaient lieu de culture intellectuelle, labourait ses champs et menait paître ses troupeaux sur la montagne. Il excellait dans l'art de rebouteur. Par un massage habilement conduit, il n'était pas de membre disloqué, pas d'os démis qu'il ne sut remettre en place. Aussi quand survenait un accident, et il en survient souvent dans un pays montagneux, n'était-ce pas aux messieurs de la Faculté qu'on s'adressait, mais au bon père Rolland. Et lui, malgré sa rudesse native, il accourait, et il n'était pas rare de le voir ajouter à ses soins l'offrande de sa bourse. Elle était bien modeste, trop modeste, hélas! au gré de ses désirs. Et s'il la souhaita quelquefois plus grande, ce fut pour être utile à un plus grand nombre. Il lui arriva même plus d'une fois d'aller emprunter lui-même pour prêter à un voisin dans le besoin.

Et tel fut le père, telle fut la mère. Eveillée, accorte, bonne à tous, proprette, infatigable, elle allait et venait, s'occupant du ménage, des enfants, sans oublier les besogneux. On l'aimait beaucoup dans le village et sa gaîté était proverbiale. Ce devaient être aussi les vertus de Guillaume.

On ne sait rien de ses premières années. Nous le retrouvons à six ans, alerte, vif, l'œil pétillant d'intelligence, curieux, avide d'apprendre. Sans être hargneux, il aimait à lutiner, et volontiers il livrait bataille à ses amis. On le vit plus d'une fois regagner le nid paternel tout ensanglanté, mais triomphant s'il avait fait, à son tour, des égratignures. Après les classes, pour se délasser, il allait avec quelques-uns de ses camarades les plus espiègles, à travers les chemins abrupts, gambadant, sautillant, faisant des chiquenaudes.

Je ne dirais rien de ces puérilités, si M. Rolland lui-même n'avait daigné me les conter et accompagner son récit de douces larmes. Nous traversions le col d'Aspin le

1ᵉʳ octobre 1886. L'illustre vieillard revivait sa jeunesse et ne pouvait détacher ses regards des cabanes de bergers qui s'étagent sur la pente des Quatre-Véziaux. Je le regardais. Tour à tour triste et souriant, il revoyait par la pensée les mille détails de sa vie d'enfant. Enfin n'y tenant plus : « Voyez-vous, me dit-il, dans ce ravin, ce groupe de cabanes ? Ce sont les cabanes de Guchen. Un jour, j'étais bien jeune encore, après la classe du soir, pieds nus, un morceau de pain noir aux dents, je gravis la montagne, léger comme un isard, et, sans prendre haleine, j'atteignis ces maisonnettes. Mon père était là, je l'embrassai, puis je repartis en trottinant, et, le soir, j'étais à Guchen, contant à mes amis une escapade qui m'avait si peu fatigué. Heureux temps, ajouta-t-il, en s'essuyant les yeux ! »

Son intelligence précoce, son caractère aimable, sa nature franche et primesautière avaient été, de bonne heure, remarqués par le digne prêtre de la paroisse.

Vous avez, sans nul doute, rencontré plus d'une fois un homme à l'aspect sévère et bon, les yeux baissés, s'acheminant vers la maison du pauvre ? C'est le curé de campagne. Vous le trouvez quelquefois à la porte du riche, il prend part à ses fêtes, il accepte son or, mais c'est pour le répandre délicatement dans la main du pauvre. Pauvre lui-même, il se porte volontiers vers les pauvres et les petits. Il a pour eux ses meilleures paroles, pour eux aussi il fait ses plus grands sacrifices. Sa maison est ouverte à tous les malheureux et Dieu seul sait ce qu'il leur apporte de soulagement. L'enfance surtout l'attire. Habitué à voir tous les jours se grouper autour de lui les petits enfants de son village, il les entoure de soins infinis, étudie leurs aptitudes, et, presque toujours, est appelé à décider du choix d'une carrière. Trouve-t-il un cœur pur, une intelligence plus qu'ordinaire, des dispositions heureuses, avec quelle joie il s'offre lui-même à les développer ! Ainsi fit M. Latour, curé de Guchen, que je prends la liberté de présenter à mes lecteurs.

CHAPITRE II

UN PRÊTRE

CHAPITRE II

UN PRÊTRE

Assez grand, maigre, le front large, les
cheveux incultes, la figure faite à grands
coups de ciseau, grave, sérieux, de maniè-
res un peu rustiques, tel était, dans ses
grandes lignes, le curé de Guchen, pour
ceux qui ne faisaient que l'entrevoir. Mais
sous cette cuirasse un peu rude battait un
cœur d'or ; une intelligence peu commune
brillait dans ses yeux d'un beau gris.

Né à Argelès-de-Bigorre le 17 septembre
1804, Gérinque-Jean-Baptiste Latour était
l'aîné de quatre frères. Son père Jean et sa
mère Jacqueline étaient deux honnêtes
paysans simples et craignant Dieu. L'enfant
grandit au milieu d'eux. Devenir prêtre
pour se dévouer, se rapprocher de son Dieu

par une vie de pureté et d'abnégation, telles furent les premières aspirations du jeune Jean-Baptiste. Dieu l'écouta. Il permit qu'un de ses ministres descendît dans les profondeurs de cette jeune âme, en découvrit toutes les beautés cachées et les révélât à ses parents. Jean-Baptiste sera prêtre : Dieu le veut. La gêne de la famille ne sera pas un obstacle : au contraire. En partie libre du côté des dépenses, elle n'en souhaita que plus ardemment la réalisation de ses vœux. Avec le caractère sérieux qu'on a connu à M. l'abbé Latour, on devine ce que furent ses études. Enfin, le 20 décembre 1828, Mgr de Neyrac l'élevait à la dignité redoutable du sacerdoce. Un champ vaste s'ouvrit bien vite à son zèle : le 1er janvier 1829, il fut nommé vicaire de Maubourguet. Moins de trois ans après, le 1er juillet 1831, nous le trouvons curé de Guchen. C'est là qu'il nous faut le considérer quelques instants, car c'est là que se connurent ces deux hommes dont la vie devait être si intimement liée, là que se forma cette amitié que la mort elle-même sera impuissante à faire cesser.

« Homme, dit un jour la mère de Guillaume à son mari Benoît, quel dommage que nos ressources soient si petites ! Notre fils irait loin avec son intelligence et son amour de l'étude. — C'est vrai, répondit le mari, mais qu'y faire ? L'enfant a 11 ans ; sa première communion faite, il suivra son aîné ; s'il a de la conduite, il pourra réussir. »

La mère hocha la tête, elle avait pour son fils d'autres ambitions. Heureusement, le jeune curé de la paroisse vint à son secours. Il aimait beaucoup les enfants et volontiers se mêlait à eux. Le petit Guillaume ne fut pas longtemps sans attirer son attention : il en fit son enfant de chœur. Grande fut la joie chez les Rolland. Pieux et bons, ils surent apprécier la distinction flatteuse dont leur fils était l'objet. Mais quel ne fut pas leur bonheur quand, un soir, Guillaume revint allègre, le front rayonnant. — Qu'as-tu, Guillaume ? — Ah ! mère ! — Eh bien ? — Monsieur le curé m'a dit... — Que t'a dit monsieur le curé ? — Il m'a pris par la main et m'a dit : « Guillaume, tu as de l'intelligence et tu aimes l'étude : tes parents sont trop pauvres pour te mettre en pension ; si tu le veux et si ton père y consent, tu viendras chaque jour au presbytère et je te donnerai des leçons. » J'irai, n'est-ce pas, ma mère ? — Je vous laisse à penser si l'on fut heureux d'accorder une demande qui venait si fort au devant de tous les désirs.

Guillaume Rolland était donc l'élève de M. Latour. Les progrès furent rapides, il apprit, en se jouant, les rudiments de la langue latine, et, après quelques mois, le maître pouvait montrer avec orgueil son jeune disciple.

Ces premiers succès dont l'abbé Latour était fier, à juste titre, furent le commencement de ses luttes à Guchen. On ne tarda pas à s'apercevoir au village du changement qui s'opérait, chaque jour, dans le petit Rolland ; on le montrait partout aux enfants comme un modèle et plus d'une mère souhaita de voir son fils devenir l'élève du zélé pasteur.

Un soir de 1830, un petit homme, gros, gris, rustique d'encolure, se présentait au presbytère : il avait l'air soucieux. Après qu'il se fut assis : « Monsieur le curé, dit-il, vous connaissez mes enfants. Intelligents, laborieux, cœurs excellents, je serais heureux de les voir quitter leur pension pour devenir vos élèves. — Monsieur le maire, répondit le prêtre avec sa dignité habituelle, je prends avec moi le jeune Rolland parce qu'il est pauvre ; vous êtes riche, donnez un précepteur à vos enfants. » On se sépara, mais cette fière réponse ne pouvait manquer d'aigrir M. Olive. Il chercha l'occasion de se venger : elle ne se fit pas longtemps attendre.

Il y avait à Guchen un usage invétéré et peu séant. Chaque année, deux jeunes filles étaient choisies parmi leurs compagnes pour recueillir les offrandes destinées à l'entretien de l'autel de Notre-Dame. L'humain se mêle souvent aux meilleures choses et parvient à les gâter. Nos demoiselles, radieuses, enrubannées, allaient par les rangs des fidèles, faisant la cueillette et distribuant des sourires. Le scandale était grand dans la paroisse. Tant et si bien qu'il fallut y porter remède. Les jeunes quêteuses faisaient bonne récolte, mais il pleuvait autre chose que du billon dans leur escarcelle. Plus d'une fois, on trouva, dans l'aumônière, des bagues, des boucles d'oreilles et d'autres objets peu décents. Et jeunes gens et jeunes filles de rire et de se gaudir.

L'austère et pieux M. Latour ne pouvait tolérer de pareils abus. Il annonça la suppression des quêteuses et la création de trois marguilliers. Grande rumeur dans le village. Tout ce qu'il y avait de jeune s'indigna, les quêteuses regimbèrent, une manifestation se produisit. M. Latour crut de son devoir d'intervenir. Le dimanche qui suivit la petite révolte, le digne pasteur monta en chaire, lut le code et prouva qu'en faisant acte d'autorité, il était dans son droit. C'est là que l'attendait M. Olive, maire de Guchen. Lire le code à l'église, quel crime abominable! M. le maire, qui n'était pas un dévot, cria à la profanation, sa piété pateline lui suggéra d'écrire aux deux autorités civile et religieuse, pour dénoncer le méfait et obtenir un châtiment exemplaire.

Sa lettre qu'il serait aisé de reproduire

in-extenso eut du retentissement à la préfecture : on jugea une enquête nécessaire.

« Vers midi, nous a raconté M. Rolland lui-même, je vis arriver un monsieur tout galonné, escorté de deux gendarmes : ils venaient à Guchen. Peu d'instants après, M. Latour était mandé à la mairie. Je le vis passer souriant et calme. Où allez-vous, M. le curé ? m'écriai-je aussitôt. — Chez M. le maire. — Mais les gendarmes y sont. — Tant mieux, mon enfant ; l'heure de la persécution a sonné et j'en suis fier. Et comme je pleurais : « Tais-toi, me dit-il, ils ne me feront pas de mal. » J'insistais et je m'attachais à sa soutane, refusant de le laisser aller. Mais lui : « Ah ! mon enfant, il le faut, j'irai. » Et il partit.

Ce qui se passa dans cette salle que l'indignation de M. Rolland a fait appeler la *salle de Pilate*, nul ne l'a su, nul ne le saura. Mais ce que n'a pu oublier le fils de Benoît Rolland, c'est l'ovation que les Guchennois firent spontanément à leur pasteur. Tous ou presque tous se portèrent au devant de lui et peu s'en fallut qu'on ne fît un mauvais parti à la force publique. M. Latour, digne jusque dans son triomphe, calma les esprits qui commençaient à fermenter, et, grâce à lui, l'affaire n'eut pas de suites. Je me trompe, car malgré l'innocence reconnue, le turbulent Olive avait demandé et obtenu le déplacement de M. Latour.

Cette nouvelle se répandit bien vite à Guchen et y causa une profonde émotion. Chacun voulut voir le saint curé, lui serrer la main et protester de son affection et de sa vive gratitude. Ce fut une explosion dont le maire de Guchen sentit le contre-coup. Mais les ordres étaient donnés, et, malgré toutes les larmes, malgré le deuil de la paroisse entière, l'abbé Latour s'en alla : il était fait aumônier des Filles de la Croix à Bagnères-de-Bigorre.

CHAPITRE III

TRA LOS MONTES

CHAPITRE III

TRA LOS MONTES

Le prêtre était parti : ce devait être bientôt le tour du jeune disciple. Le pauvre enfant ne pouvait se consoler d'une séparation qui venait de briser ses affections les plus chères. L'œil humide, l'âme frémissante, il accompagna son cher maître aussi loin que le lui permit la faiblesse de ses jambes ; et quand il ne l'aperçut plus dans le lointain, donnant un libre cours à sa douleur, il jura une reconnaissance éternelle à ce maître vénéré qui pendant onze mois lui donna les leçons de la science et de l'exemple.

Quelques jours après, il reprenait sa place sur les bancs de l'école de Guchen et, dans le courant de l'hiver 1833, il entrait en pension à Ancizan. Enfin le 25 mars 1835 fut un jour plein de larmes pour la famille

Rolland. Vers midi, Guillaume embrassait sa mère et partait, la bourse bien modeste, mais le cœur plein d'espérance : « Mère, je reviendrai, dit-il en s'éloignant. — Dieu t'entende, mon fils, répondit-elle. »

Où allait le jeune homme de 18 ans ?

Vous connaissez Guchen, mais vous l'avez vu à la saison des visiteurs et des touristes. Adossé à la montagne qui le protège contre les autans, le coquet village étale au soleil ses maisons grises recouvertes d'ardoises bleues. La poésie ruisselle de partout ; plus qu'ailleurs la nature capricieuse y marche par soubresauts et par saccades ; du côté de la montagne, tout est nu, aride, accidenté, maigre et triste ; de l'autre côté, à quelques pas, et sans transition, tout est frais, étincelant, verdi, parfumé. Un ruisseau d'eau limpide, solidement encaissé, traverse le village, meut les usines, s'enfonce sous terre, reparaît pour disparaître encore autour de l'église et finalement se déverser dans les prairies où il forme quantité de ruisselets babillards qui se croisent à l'infini, et portent à travers prés fraîcheur, gaîté et vie.

Mais le pittoresque ne suffit point et la poésie est une nourriture trop peu solide. S'il y a le Guchen des touristes, riant et joli, celui-là, il y a aussi le Guchen de la souffrance et de la misère. Dans un pays où les villages se touchent, où la propriété est très restreinte et très morcelée, il doit y avoir, quand surtout la famille est nombreuse, bien des tortures intimes. C'est l'histoire de beaucoup de villages de la Vallée d'Aure, l'histoire surtout de Guchen. Peu de champs cultivés, de grandes et belles prairies, des troupeaux nombreux. L'élevage du bétail en fait toute la richesse : de là, souvent, bien des mécomptes et bien des déceptions. Aussi cette race de montagnards-bergers n'a-t-elle qu'un souci, l'éducation des enfants. Généralement intelligent et bien doué, l'enfant, de bonne heure, est envoyé à l'école ; puis, l'instruction achevée, il s'en va. Il quitte ce pays pauvre, au sol ingrat. Sachant qu'il ne doit compter que sur lui et que seul il doit faire sa trouée dans la vie, il s'arme de courage, se pousse, se fait pousser et finit par réussir.

L'émigration est-elle un bien ou un mal,

je ne sais ; aujourd'hui surtout où le luxe envahit tout, il semble qu'il n'y a pas grand avantage pour les villages aux mœurs simples et pures de voir revenir ces citadins déniaisés qui étalent, au grand scandale de tous, des toilettes et des habitudes ruineuses. Quoi qu'il en soit, à Guchen comme en Biscaye, l'émigration est une nécessité ; elle est comme une soupape de sûreté à l'excès de la population.

Aujourd'hui, le courant s'est établi vers les grandes villes ; au commencement du siècle, on s'acheminait volontiers vers l'Espagne. Le frère de Guillaume Rolland avait déjà passé la frontière, Guillaume la passa à son tour.

Si je narrais l'histoire de M. Rolland et non celle de son œuvre, j'aurais à le suivre pas à pas dans sa noble et longue carrière de labeurs et de fatigues ; si sa modestie et celle de ses enfants devait me le pardonner, j'aurais à conter bien des détails intimes qui font l'honneur de l'illustre Guchennois. On comprendra ma réserve : « Il ne faut pas louer les vivants, » disent

nos Livres saints : je serai donc sobre
d'éloges, laissant les faits parler tout seuls.

C'était un jour du printemps 1860. Aux
portes de Tarbes, dans les rues du joli
village de Laloubère, un prêtre passait qui
revenait de sa tournée de charité. « Monsieur le curé, dit le facteur, une lettre
d'Espagne. » Le prêtre regarde. Il lui
semble reconnaître cette écriture, il ouvre
et voici ce qu'il lit :

« Cher Monsieur Latour,

« Peut-être avez-vous oublié le tout petit
Guillaume Rolland dont vous fûtes à Guchen
l'ami tendre et bon ! Grâce à vos exemples
et à vos leçons dont il s'est souvenu, la
fortune lui a souri. Riche aujourd'hui et
plus que millionnaire, je sens envers vous
un immense besoin de reconnaissance. Ce
besoin grandira encore si vous accédez à
la demande que je prends la liberté de vous
faire. Dieu m'a donné une fortune autrement précieuse que l'or et l'argent. J'ai
deux garçons et je serais heureux de les
voir devenir les élèves de celui qui fit

connaître au père grandissant le sentier
du devoir et de l'honneur : dites-moi que
vous acceptez. »

Inutile de peindre l'étonnement du curé
de Laloubère.

Cet enfant, cause première et inconsciente
de ses malheurs à Guchen, non, il ne l'avait
pas oublié ; à son premier retour d'Espagne
il l'avait serré contre son cœur, il l'avait
béni, et il ne l'avait laissé partir qu'avec la
promesse d'être toujours fidèle à son Dieu
et à son devoir. Déjà l'adolescent, pensée
délicate, avait, de son premier argent,
acheté un ornement sacré pour l'aumônier
des Filles de la Croix de Bagnères. Puis,
plus rien. De loin en loin seulement, des
nouvelles vagues, très vagues.

Qu'était-il devenu ? A vingt ans, accablé
par la fatigue et la maladie, il était venu
se retremper parmi les siens. La conscrip-
tion approchait et il voulait servir son
pays. Sa conscience droite lui reprochait
comme un crime ce qu'il appelait la déser-
tion du drapeau. Mais son patriotisme, il
ne put le faire partager à son père qui le

condamna à refranchir les Pyrénées. Ce lui
fut un grand serrement de cœur, car les
quelques mois passés à Guchen, il avait
vécu une idylle dont toujours il gardera le
touchant souvenir. Qu'il nous suffise de
nommer Mme Rivière, née Rouys. Obéissant,
malgré tout, il part et se donne un rem-
plaçant. Son frère aîné l'attend et l'associe
à son petit commerce. Tous deux, de concert,
poussent fiévreusement leurs affaires jusqu'au jour où Guillaume sent le besoin
d'aller plus vite encore. Ayant remarqué
que les dentelles anglaises se vendaient en
Espagne à des prix supérieurs, il part,
renseignements pris, vole en Angleterre,
fait des achats, revient. La vente est
bonne. Le succès donne du courage. De
nouveau il repasse la Manche, achète et
vend encore, toujours avec succès. Dès
lors, sa maison était fondée. Quand les
produits anglais sont dépréciés, il se tourne
du côté de Valenciennes. Son activité suffit
à tout ; il va, vient, toujours haletant,
jamais affaissé. Paris est en sang, l'insurrection partout. Tandis que Cavaignac et
La Moricière font bravement leur devoir

et que Mgr Affre donne sa vie pour les siens, le jeune commerçant traverse la France, non sans danger.

Les garnisons de Lille et Roubaix se révoltent ; à Valenciennes, l'émeute éclate au moment même où M. Rolland vient de faire des achats considérables. Il part, malgré tout, confiant en Dieu et en lui-même, il est assez heureux pour sauver du naufrage toute sa fortune.

Mais voici qu'arrivé à Madrid, d'autres malheurs l'attendent.

L'Espagne est agitée, le comte de Montemolin vient de tenter sa révolution dynastique. Autour du trône sapé mais non abattu, au milieu de l'effervescence générale, une voix s'est fait entendre, la voix de la raison et de la religion, la voix du marquis de Valdegamas, de Donoso Cortes. Grâce à sa parole brûlante, grâce à l'énergie du gouvernement de l'ordre, le calme renaît, mais après la ruine de combien de fortunes ! Celle de M. Rolland n'eut pas trop à souffrir, et il pourra plus tard écrire ces lignes : « Grâce à Dieu qui m'a visiblement protégé, grâce à ma bonne et sainte femme, la vie n'a pas été jusqu'ici trop amère pour moi. »

Seul avec ses affaires, toujours sur les chemins de l'Espagne et de l'étranger, Guillaume n'avait pas trop senti le besoin de partager ses fatigues, ses joies, ses tristesses ; son cœur aimant lui faisait repousser la pensée d'associer à ses souffrances une âme dont il ne croyait pas qu'on dût faire autre chose que le bonheur. Enfin, quand la fortune commença à venir à lui, quand débordé par les tracas d'une vie agitée, il sentit plus que jamais peser la solitude sur sa jeunesse expirante, et qu'il se crut assez maître de lui-même et de son avenir pour n'avoir rien à redouter, il jeta les yeux autour de lui; une âme simple et bonne, la fille d'un de ses amis, Maria Paret, lui apparut comme l'idéal rêvé ; il l'associa à ses destinées.

Jamais nuage ne vint troubler cette union. Sans doute, il y eut des jours de déboires, il y eut des douleurs aiguës et profondes dans ces deux êtres bien faits pour s'aimer ; mais, la main dans la main, ils regardèrent tout passer ; jamais, dans l'heureux ménage, aucune de ces aigreurs sourdes, aucun de ces malentendus qui exaspèrent les cœurs et tuent les affections conjugales.

Heureux, ils le furent, et la fortune, pas aussi aveugle qu'on le prétend, ne cessa de s'attacher à eux. A la tête d'un capital considérable, M. Rolland, pressentant toujours les situations, ouvrit une banque qui ne tarda pas à devenir prospère. Et Dieu lui-même, pour couronner cette gloire du dehors et ces vertus du dedans, ajouta ses dons les plus riches en envoyant au banquier madrilène un trésor autrement précieux que l'or et l'argent, comme il l'écrivait lui-même à M. Latour, trois enfants, son espérance et sa joie futures. Mais, pour cela, il fallait prendre ces jeunes cœurs, les façonner et les tremper fortement pour les luttes à venir. Le temps manquait à M. Rolland. Il chercha alors autour de lui qui voulût accepter le périlleux honneur de le faire revivre dans les siens. Le souvenir qu'il avait gardé de l'ancien curé de Guchen était resté trop vif pour qu'il ne songeât pas à lui d'abord.

CHAPITRE IV

A LALOUBÈRE

CHAPITRE IV

A LALOUBÈRE

Comment sa lettre fut reçue, on le devine. Curé depuis le 22 janvier 1848 d'une paroisse où ses éminentes vertus le faisaient vénérer de tous, M. l'abbé Latour comprit toute la hauteur de la mission. Sa modestie s'alarmait à la pensée que la reconnaissance lui valait un tel honneur; il ne pouvait songer sans trembler aux responsabilités qu'il assumait. Et puis, il était prêtre, et prêtre il se devait aux âmes confiées à sa garde : il consulta donc Dieu d'abord dans la prière, les hommes ensuite. D'un côté, il exposa les difficultés; de l'autre, le bien en perspective. Le cri fut unanime : il devait accepter. Son frère Bernard, prêtre comme lui et aumônier au

Lycée de Tarbes, lui fit entrevoir la possibilité de tout concilier : l'instruction se donnerait au Lycée sous sa direction, le curé se chargerait de leur éducation au presbytère.

Le curé se soumit à ce qu'il crut être la volonté de Dieu.

Il écrivit à M. Rolland une lettre où perçait une profonde affection pour l'ancien élève et une vive gratitude pour l'honneur qu'il lui faisait :

« Vous oublier, cher monsieur, non, je ne l'ai pu et ne saurais le pouvoir, et je vous assure que je vous ai toujours accompagné de mes vœux les plus ardents. Mais qui aurait pu penser que l'enfant de ma douleur, que ce cher Guillaume, ma joie et mon orgueil à Guchen, songeait ainsi à moi d'une façon toute particulière et me réservait l'honneur d'élever ses enfants ? Cet honneur, si redoutable soit-il, je l'accepte, cher monsieur, de vous, parce que je sais d'avance dans quelle voie je dois pousser les fils pour les rendre dignes du père. Tout autre, l'Empereur lui-même, me ferait de

telles offres que je répondrais non. Je dis
oui à M. Rolland..... »

Ce oui eut de l'écho à Madrid dans le
cœur du riche banquier, et les larmes de
la reconnaissance mouillèrent ses yeux :

« Que vous me faites du bien, répondit-il,
et que j'avais besoin de cette parole amie
pour m'amollir un peu le cœur et le *désen-
chiffrer*. Jugez donc! sur les papiers du
matin jusqu'au soir et souvent du soir
jusqu'au matin, que voulez-vous que je fasse
sinon m'endurcir et me fermer à toutes les
joies ? Il me semblait, pardonnez-moi, qu'il
n'y avait de véritable tendresse que dans
le cœur de ma chère femme. Vous allez
m'humaniser et me faire croire qu'on trouve
encore ici-bas autre chose que des vues
d'intérêt. Merci, monsieur le curé, merci et
pensez bien que je contracte aujourd'hui
envers vous une dette dont je ne compte
pas pouvoir jamais me libérer. Je pars dans
quelques jours et vous amène les enfants.
Vous les aimerez à cause de moi et un
peu aussi pour eux-mêmes. Si je ne me fais
illusion, on dit que l'illusion est le propre

des mères, je crois qu'ils sont charmants et que leur vivacité naturelle une fois réglée ne fera que rendre leur amabilité plus piquante. Des défauts, ils en ont, sans doute, mais j'aime mieux vous en voir faire la découverte. Si j'étais à vous, vous le savez, je le deviens trois fois et plus encore..... »

Cependant, M. Latour se prenait à trembler. Ceux qui s'occupent d'éducation ne trouveront point ces craintes chimériques. Il faut avoir vécu seul avec des enfants, avoir étudié leurs caprices, leurs passions, leurs rivalités mesquines, leurs vices même pour se rendre compte des difficultés qui peuvent surgir dans le maniement et l'assouplissement de leurs âmes. Instruire n'est point élever et nous voyons des savants dont l'éducation est encore à faire. Le propre de la science est d'enfler l'esprit, celui de l'éducation de régler la volonté, de lui mettre des entraves, de modérer les appétits et d'élever l'homme enfin de son animalité à cette hauteur où la raison nous dit qu'il doit monter. L'homme instruit peut être méprisable, l'homme bien élevé se met toujours au-dessus d'une bassesse. Cette différence, M. Latour la sentait, et il avait peur.

Et qu'on ne dise pas qu'au collège l'instruction et l'éducation sont deux sœurs aimables et bonnes qui se laissent aisément mener ensemble. Il ne faut point comparer la vie de collège et la vie de famille. Au collège vous trouvez la diversité. La scène change souvent ; tous les jours, les décors, et, plusieurs fois par jour, les personnages. L'enfant, aux heures de récréation, en contact quotidien avec des camarades nombreux et d'humeur bien différente, perd tout ce qu'il a d'anguleux dans son humeur. Et il le faut bien, car ses juges et ses bourreaux, *cet âge est sans pitié*, ce sont ses camarades toujours habiles à découvrir le défaut caché pour le tourner en ridicule. Le maître n'a qu'à suivre, à distance, ce mouvement d'ascension et à contenir la correction dans les limites de la règle.

Dans la famille, au contraire. L'enfant est une idole devant qui tout genou fléchit. Mais aussi comme le cher ange, c'est la mère qui parle ainsi, a toutes les vertus de son âge et au-delà! Dorlotté, flatté jusqu'en ses caprices, on se le passe de main en main pour l'admirer plus à son aise et l'adorer. Car il est adorable, cet enfant, dit le visiteur indulgent, qui veut à force de mensonges se faire pardonner l'ennui qu'il cause. On lui pardonne tout, pourvu qu'il n'ait jamais vu ailleurs d'enfant aussi bien élevé. Et l'enfant grandit dans cette atmosphère, adulé, croyant à tout excepté à ses défauts dont personne ne lui parle, prétentieux, vaniteux, insupportable.

Vous lui donnez un maître, partant un ennemi. Que fera le professeur ? S'il dit la vérité, et il la dira, la mère s'afflige et l'accuse d'injustice ; l'élève aigri contre un argus trop vigilant le tourne en ridicule, et l'instruction se donne ainsi par lambeaux, sans règle fixe, suivant les caprices et les boutades de l'enfant. Et l'éducation ? L'éducation stérilisée devient ce qu'elle peut.

Je sais qu'il y a des exceptions, et *j'en connais*. Il y a des mères qui savent allier la douceur et la fermeté, et qui ne permettent point qu'on dise du bien de leurs enfants aux enfants eux-mêmes. Elles les élèvent dans le respect et l'obéissance : ce sont d'excellentes mères; chez elles, l'éducation en famille devient facile.

Il en fut ainsi des fils de M. Rolland. Les jeunes Benoît et Lorenzo, avec cette vivacité, ce feu, ce je ne sais quoi de pétillant qui distingue l'Andalous, avaient une riche nature cultivée et entretenue par les soins pieux et rigides de leur mère. A peine arrivés chez M. le curé, après les larmes de la séparation, leur cœur ouvert à toutes les tendresses trouva au presbytère le souvenir et plus que le souvenir de la famille absente. Ils aimèrent leur précepteur d'un amour profond, et le précepteur ne leur ménagea ni son temps, ni sa peine.

On ne fut pas peu étonné dans le village à la vue de ces deux jeunes Espagnols au teint légèrement basané, à l'œil noir très vif, aux allures décidées, suivant partout le pasteur, l'accompagnant dans ses visites de charité, folâtres, étourdis, ivres de jeunesse et de gaité. Et le prêtre toujours digne s'inclinait vers eux et souriait. Il y eut pourtant quelques petites scènes de désolation et plus d'une fois on entendit au presbytère des invocations insolites : c'était la correction toujours suivie des larmes du repentir.

« Le cœur me fend, écrivait M. Latour à son ami, le cœur me fend, et pourtant il le faut. Je viens, ce matin, de corriger Lorenzo. Après la verge, j'ai dû l'enfermer, car il menaçait de mettre le feu à la maison. Puis, le voilà qui grimpe sur le toit et fait mine de se jeter. Si j'ai jamais tremblé, c'est bien aujourd'hui, cher monsieur. Ce bon et méchant enfant est d'une violence extrême et d'une amabilité caressante. Il menace de tout briser, mais c'est pour faire le sauvetage de tout et se donner des droits à ma reconnaissance. Je lui sais gré en effet de ne s'être point précipité et j'espère ne plus jamais lui fournir l'occasion de me faire grâce de sa vie. »

Ce n'était point là le ton ordinaire des lettres de M. Latour et celle-ci nous ramène à son style en nous faisant la suite du récit :

« Les enfants sont entrés aujourd'hui au Lycée. Ma sœur est dans la désolation : il lui semble qu'elle ne pourra plus se passer d'eux. Voilà donc deux parts bien distinctes dans leur vie : les heures d'étude et les heures de presbytère ; les premières pour les sciences humaines, les secondes pour la science des sciences. Je vais prier pour que Dieu m'accorde de leur faire quelque bien. Mon frère qui les aime autant que nous ne leur marchandera ni son temps, ni son dévouement. »

Temps et dévouement, on sut les leur prodiguer à Tarbes comme à Laloubère.

La vie d'externat, tant prônée dans ces derniers temps, n'est pas sans danger. Elle corrige, il est vrai, ce que l'éducation en famille a de trop amollissant et elle prévient en partie ce que la vie de collége porte de tempêtes. Elle retient de la première les douceurs du foyer domestique et de la seconde l'émulation, mère du succès. Mais que de périls dans cette demi-liberté laissée à des enfants d'errer quelques instants au gré de leurs caprices et que de vertus ont fait naufrage le long des chemins ! Le chemin est long de Laloubère à Tarbes.

Qui mieux que M. Latour le savait ? Les sermons qu'il a laissés, et ils sont nombreux, nous montrent comme son cœur de prêtre gémissait et saignait des ravages que les compagnies perverses faisaient dans les cœurs confiés à sa sollicitude ! Les aller et les retours surtout, matin et soir, de ses paroissiens, lui arrachaient des plaintes cruelles. Aussi quels soins à conduire, chaque jour, ses chers enfants, comme il les appelait déjà. Il était tout à eux, regardant à tout, surveillant tout, mais d'un air si paternel et si bon que leur gaminerie ne songeait pas à s'en offenser.

« Le cœur, a dit spirituellement un écrivain de nos jours, le cœur est une chose qui ne naît pas avec l'homme. L'enfant ne sait pas ce que c'est : c'est un organe que l'homme doit à la vie. L'enfant n'est que lui, ne voit que lui, n'aime que lui et ne souffre que de lui : c'est le plus énorme, le plus innocent et le plus angélique des égoïstes. »

Il n'est pas de mère qui ne proteste contre cette boutade humouristique d'un célibataire endurci ; il n'y a pas de professeur, de prêtre qui n'en sente l'injustice. L'enfant est ce qu'on le fait ; tendre et bon si on le veut, dur et égoïste si on l'abandonne à lui-même.

Les jours de congé, dans l'après-midi, il faisait beau les voir, ces deux petits lutins endiablés, caressants, espiègles, se jeter tour à tour dans les bras du bon curé, prendre sa soutane, batifoler autour de lui, jacasser dru et fort, et lui conter, dans leur langue maternelle, les petits méfaits de collége et les taquineries de leurs camarades. On les apercevait souvent sous les grands chênes du château, le visage épanoui, donnant avec leur rire frais et leur gaîté folle un reflet de jeunesse et de verdeur à leur maître bien-aimé qui déjà touchait à la soixantaine.

J'ai là, sous les yeux, en écrivant ces lignes, entassés devant moi, une vingtaine de cahiers jaunis où l'on peut suivre, au jour le jour, le travail du maître et les progrès des élèves. Fables, historiettes sacrées et profanes, compositions variées, poésies latines, tout s'y trouve, approprié à leurs besoins du moment. N'est-ce pas après un accès de *farniente* qu'il écrivait pour ses disciples cette jolie fable ayant pour titre ces mots :

Labor improbus omnia vincit,

et se terminant par ceux-ci :

Durorum oblitus quos senserat ante laborum !

Il dut y avoir une échappée d'indiscipline le jour où le maître écrivait les *Fureurs de Brutus :*

Quo te, Brute rapit vis effrenata furentem !

On pourrait ainsi refaire cette vie d'études, de luttes, de défaillances et de triomphes, et il y aurait quelque intérêt pour ceux que ne laissent pas indifférents les devoirs de l'éducation. Nous y reviendrons, mais en passant, pour montrer les progrès de nos deux jeunes gens et leurs succès définitifs. Pour le moment, il nous tarde de repasser la frontière et de retrouver M. Rolland.

CHAPITRE V

LARMES ET SOURIRES

CHAPITRE V

LARMES ET SOURIRES

Avez-vous rencontré un ménage heureux ?
Oui, sans doute, ou du moins qui vous ont
paru tels. Mais que de tiraillements au sein
de ces familles apparemment unies. On parle
des heureux du siècle, et ces prétendus heureux traînent souvent avec eux le boulet de
la douleur. Le paysan, lui, ne connaît guère
que les luttes pour la vie ; les délicatesses
du cœur, les froissements de l'amour-propre,
il les devine, mais ne les comprend pas.
Dans la maison du riche, hontes et misères,
larmes cachées sous les sourires, acrimonie,
plaintes, silences pires que les plaintes.
Joubert a dit : « Il y a des personnes qui
portent leur velours en dehors. » Grin-
cheuses à la maison, elles réservent tous

leurs sourires pour les étrangers. Aussi que de haines et que de colères sourdes dans la plupart des ménages réputés heureux ! Ce n'est point là l'histoire de celui de M. Rolland. Une atmosphère de douce cordialité, de simplicité, d'abandon, de famille heureuse se sentait là et reportait par la pensée à des temps bien éloignés de nous. On les voyait, nous a conté un témoin oculaire, couple charmant et heureux, de temps en temps sortir de leur grand hôtel de la Puerta del Sol, s'en aller faire leurs dévotions dans l'église voisine, et, si les affaires le permettaient, s'acheminer vers leur maison de campagne; et, en les voyant, on s'inclinait et on disait : « Qu'ils sont donc unis ! »

La cause de cette estime et de cette affection réciproques, il faut la chercher d'abord dans leur communion d'idées et de vues, ensuite dans leurs vertus domestiques. M. Rolland a toujours été un homme d'intérieur. Enrichi par son travail persévérant, il ne fut jamais de ces parvenus ridicules qui achètent des blasons et s'efforcent par des airs de grand seigneur à faire oublier leur origine La sienne était modeste et il ne rougit pas de le rappeler. Rien d'arrogant, point de morgue insolente. Au contraire, une aménité, une courtoisie douce et tempérée qui prend sa source plus dans le cœur que dans l'esprit. Esprit pétillant, un peu mordant peut-être surtout dans la langue espagnole dont il se sert plus volontiers, il tempère chaque saillie par un mot aimable, et la tempête, quand il y en a, s'achève toujours dans un sourire.

On comprend qu'une âme si liante ait rencontré une âme sœur dans cette douce, tendre et sainte *Maria Paret*. Jeune, belle quand il se la donna pour compagne, elle garda toujours la même pureté de formes, la même jeunesse d'intelligence. Elle n'eut qu'un désir : plaire à son mari en devinant ses vœux les plus secrets, en conformant en tout sa volonté à la sienne. Aussi quel deuil, le jour où la chère Maria s'en alla presque subitement ! M. Rolland pensa en mourir de douleur.

« Ah ! cher monsieur le curé, quelle triste nouvelle à vous apprendre ! Maria n'est plus : elle s'est éteinte avant-hier, presque subitement. Si l'on pouvait mourir de douleur, je serais mort déjà, tant il me semble que je me manque à moi-même. Jamais je n'oublierai ses derniers moments. Elle était à moitié assise sur son lit, le sourire aux lèvres. « Donnez-moi de la sole », me fit-elle. Je lui en fais donner aussitôt, et tandis qu'elle essayait d'en manger, moi à ses côtés et l'aidant, elle a poussé un léger soupir en appelant les enfants : elle était morte.

« Vous comprenez ma perte, vous, le meilleur des amis. La mère de mes enfants était connue de vous et je sais que vous l'estimiez. Priez pour elle et pour ceux qui restent. Pauvres enfants ! La petite Marie l'appelait ce matin : c'était à fendre l'âme. Qu'en ferai-je ? je ne sais, et mon embarras n'est pas peu grand. Aidez-moi de vos lumières.

« J'ai à la gorge un morceau de sole qui m'étouffe. La vue de ce poisson me fait horreur. Jamais plus je n'en mangerai : c'est bien le moins que je puisse faire pour ma chère défunte. »

La réponse du prêtre, les amis de M. Rolland la connaissent.

« Votre deuil est mon deuil et je prends la plus large part à votre perte..... Seule la foi peut nous consoler dans de telles circonstances en nous ouvrant de larges horizons....... Ne vous inquiétez pas des enfants : *j'en ai deux, envoyez-moi le troisième.* »

J'en ai deux, envoyez-moi le troisième. Si vous avez visité l'asile Saint-Jean-Baptiste de Guchen, vous aurez remarqué autour d'un très riche tableau ces mots se détachant sur l'or. Pourquoi cela ? M. Rolland, insensible à aucun sacrifice, a vu là un acte d'héroïque charité. M. Latour, déjà vieilli dans les labeurs du sacerdoce, accablé de fatigues toujours croissantes, chargé de responsabilités redoutables, a dû aimer son cher Guillaume d'une affection plus qu'ordinaire pour consentir, lui, l'homme austère et de devoir, à assumer une responsabilité nouvelle. Il la demande pourtant, et d'un cœur allègre.

Ceci se passait en 1861. A dater de ce jour, les liens de l'amitié se resserrèrent entre le banquier madrilène et le curé de Laloubère. Autant M. Rolland inconsolable tenait à être seul avec sa douleur et fuyait la société même des intimes, autant il aimait à prodiguer à M. Latour les marques d'estime et de confiance. Avait-il besoin d'un conseil, son cœur oppressé réclamait-il un de ces épanchements qui soulagent, il passait les Pyrénées et faisait une courte apparition à Laloubère. Là, il trouvait le calme, la tranquillité, le repos de l'amitié. Et il s'en retournait sinon guéri, du moins soulagé. On dit que les grandes douleurs sont muettes. En effet, que de fois le silence, mais un silence éloquent, de larmes, régna autour de la table frugale du curé ! Ces deux hommes se regardaient et sans rien dire se comprenaient. Mais aussi les enfants étaient là et tous les souvenirs de joie et de tristesse se trouvaient en eux.

De retour à Madrid, c'étaient des lettres d'une fraîcheur, d'une ardeur et d'une sensibilité exquises. Après un de ses voyages, il écrivait :

« A peine le temps de vous dire que mon

retour a été heureux et que plus que jamais vous m'êtes nécessaire. Je continue à ne voir personne, excepté quelques rares amis qui consentent à m'entretenir dans ma douleur. Quelques-uns ont osé me parler de mariage. Ah! monsieur le curé! qu'ils me connaissent mal! Il me semble qu'aucune créature humaine ne pourra remplir le vide laissé par ma chère Maria. »

Tel n'était pas l'avis de M. Latour. La profondeur de la blessure faite à son ami l'inquiétait et il songea sérieusement bientôt à l'engager dans de nouveaux liens. Mais que de résistances il eut à vaincre !

« Nous venons, lui écrivait-il un jour, de commencer, mon frère et moi, une neuvaine de messes pour consulter Dieu au sujet de la grande question. Pensez-y et ne résistez point aux inspirations. Dans quelques jours, le plus vite que vous pourrez, venez nous voir et chercher la réponse de Dieu. Quoi que nous décidions, je sais d'avance que vous l'accepterez. »

« Je commence à croire, répondait-il, que Dieu me veut en effet donner un autre cœur.

Au lieu que je n'avais écouté qu'avec déplaisir les propositions d'excellents partis qui m'étaient faites, hier, j'ai écouté avec intérêt un de mes amis qui m'a parlé d'une charmante et pieuse personne, très distinguée, mais sans fortune. »

Une quinzaine de jours après, M. Rolland embrassait ses enfants et son ami à Laloubère. Quand il en repartit, son mariage était décidé. « Il le faut, avait dit le prêtre. — J'obéirai, répondit l'ancien enfant de chœur.

Il obéit, en effet, et voici le récit qu'il fait de sa nouvelle union :

« J'arrive : mon ami m'avait devancé. Elle sortait de l'église avec sa femme de chambre. Nous nous rangeons pour les voir passer. Sa modestie plus encore que sa beauté me charma : elle avait l'air si douce ! Celle-là ou point d'autre, me dis-je aussitôt. Je descends à l'hôtel, mon ami va m'annoncer. Il paraît qu'il avait déjà parlé de moi, car on m'a reçu les bras ouverts. Elle, timide et tremblante, se tenait dans un coin. On cause, je glisse mes ouvertures. Hélas ! à quoi tiennent les destinées ! mon habit faillit me perdre : on me prit pour quelque chevalier d'industrie avec mon habit gris de voyage. Et, ô humiliation, l'amour n'en fait point d'autres, force me fut de prouver, pièces en main, qu'on ne meurt pas de faim à l'hôtel Rolland. On me demande un mois. — Pas même huit jours. — Mais il nous faut réunir un conseil de famille et quelques-uns des membres sont aux Cortès. — Qu'on les appelle. — Ma résolution donne des ailes à tout le monde et hier je conduisais à l'autel de l'immolation une autre *Maria* qui consent de bon cœur à être la mère de mes enfants. Nous repartons pour Madrid et, aussitôt quelques affaires terminées, pour Laloubère, où je veux vous présenter celle que, par vous, le bon Dieu me donne : remerciez-le pour moi. Embrassez les enfants, cher monsieur le curé, et dites-leur que Madame Rolland les aime déjà beaucoup sans les connaître ».

Dans cette lettre qu'il écrivait après son mariage commencent à percer quelques sourires.

« Dans huit jours, nous descendons chez

vous, car c'est chez vous que nous voulons aller, ma femme et moi, ou plutôt chez nous, car n'est-ce point la famille que nous allons retrouver là, avec ses douceurs exquises et ses gâteries un peu trop maternelles ? Dites à mademoiselle votre sœur de ne point trop se mettre en frais. Les Espagnols vivent de rien. Du chocolat, et cela suffit. Quant aux enfants, qu'ils s'apprêtent à bien des caresses. »

Ils s'en retournèrent tous deux à Madrid, le cœur tout embaumé de cette fête de famille.

« Je n'ai pas oublié ma première Maria, cher monsieur le curé, dans mon voyage de Laloubère. Malgré les joies inespérées de l'heure présente, j'ai éprouvé des tristesses profondes à la pensée de celle qui ne m'a causé d'autre peine que celle de sa mort. Sans doute, son âme pure et sainte est remontée aux cieux ; mais je serais heureux d'apprendre que vous acceptez pour votre église en construction une petite somme destinée à une fondation de messes..... Et que vous dire de la réception que vous nous avez faite ! Mme Rolland ne peut s'en taire. Quelle bonne cordialité ! quelle suavité en toutes choses ! Elle aime déjà beaucoup les enfants. Mais aussi quelle poussée en sagesse et en taille ! Vous me gâtez, cher monsieur le curé, et je vous en veux presque de faire de moi le plus heureux des pères. Notre jolie petite Marie est quasi triste de son retour. Elle regrette ses bonnes mères du Saint-Nom de Jésus, *y sos hermanos muy locos, y la doncella tam buena, y el señor curé, y todos.* »

On sent la gaîté revenir, mais combien lentement ! Il ne faudra rien moins que les vertus aimables de Mme Rolland et le doux gazouillement des oiseaux dont le nid va se remplir pour produire, sinon l'oubli, du moins l'apaisement dans l'âme sensible du célèbre banquier.

En attendant, et au milieu du débordement de ses affaires, il s'occupe de cette enfant qu'il avait confiée aux soins du curé son ami, sa chère Marie, image vivante de sa mère.

« ... Elle est ici, dans un pensionnat où

elle continue à recevoir les leçons commencées à Tarbes. Je la vois souvent, pas aussi souvent que je le voudrais. Elle va bientôt faire sa première communion. Priez pour elle. »

Ce jour enfin arrive en mai 1865, et M. Latour lui écrit à la date du 14 :

« Je vous remercie bien, ma chère Marie, des détails intéressants que vous nous donnez, dans votre lettre du 9, sur la première communion qui a eu lieu à la fin de la retraite. Comme vous devez être sainte à l'heure qu'il est ! une retraite dont vous avez profité, une première communion présidée par Mgr le Nonce, à laquelle vous avez pris part, la confession générale qui l'a précédée, que de grâces ! C'est plus qu'il n'en faut pour être une petite demoiselle accomplie. Si vous étiez bonne auparavant, vous serez meilleure à partir de ce jour ; plus fervente pour bien faire toutes vos actions, plus aimable pour vos parents, vos maîtresses et vos compagnes. — Et vos petites sœurs donc ? »

Les petites sœurs frais écloses commençaient à sourire et apportaient la joie au sein de la famille. M. Rolland l'écrivit en ces termes à son ami :

« Merci encore, merci toujours, cher *monsieur le chanoine*; le bonheur que je goûte, je vous le dois en entier ; vous m'avez arraché à ma tristesse, vous avez voulu me donner encore les joies de la paternité. Je les goûte déjà pour la seconde fois, et j'ai dans ma maison quatre bras innocents qui se tendent vers moi et me supplient d'être heureux. »

CHAPITRE VI

LES HONNEURS

CHAPITRE VI

LES HONNEURS

Le 12 février 1865, M. l'abbé Latour recevait, de l'évêché de Tarbes, la lettre suivante :

« Mon cher Monsieur le curé,

« Comme témoignage des bons et multipliés services que vous avez rendus à la religion dans le diocèse, je vous ai nommé chanoine honoraire de la Cathédrale.

« Mercredi prochain, 15 courant, il sera procédé à votre installation, à l'issue de l'office canonial du matin, à la Cathédrale.

« Recevez, mon cher monsieur le curé, l'expression de mon sincère attachement.

« † B. S..., *évêque de Tarbes.* »

Ce fut un coup de foudre pour le curé de Laloubère ; sa modestie s'alarma, tant il se croyait indigne d'un pareil honneur. Il protesta doucement, Monseigneur y répondit par une nouvelle marque de confiance : il le fit, toujours malgré lui, membre administrateur de la maison de retraite des prêtres âgés ou infirmes.

Cependant d'autres honneurs se préparaient. « Allez à Rome, » avait dit plusieurs fois le célèbre banquier à son ami ; « un pélerinage à la Ville Eternelle reposera votre esprit et votre cœur ». Et l'humble prêtre répondait toujours : « Plus tard ».

« Rome, écrivait-il, je voudrais bien la voir, baiser les pieds du Pape immortel, du grand Pie IX, saluer silencieusement cette victime de tous les despotismes ; je voudrais descendre dans les catacombes, coller mes lèvres sur les reliques sacrées de nos saints martyrs, mais mon âge et mes infirmités naissantes, et les besoins de la paroisse me retiennent ici et m'y retiendront longtemps encore, je le crains. »

Enfin, il se décide, il verra Rome. « J'irai donc puisque vous le voulez, puisque vous l'exigez, cher monsieur Rolland, non pas

seul, mais avec celui qui me sert depuis
longtemps de bâton de vieillesse, le cher
abbé Cazenave. Je ne sais si j'ai fait quelque chose pour lui, mais ce que je sais, c'est
qu'il a un cœur digne du vôtre. Quand nous
partirons, je ne sais, et je vous prie de n'y
pas faire attention. »

C'était demander l'impossible. Si M. Rolland avait, pour ainsi dire, exigé ce
voyage, c'est qu'il songeait à remercier
délicatement son ami de tous ses bons services. Le digne prêtre avait jusqu'ici su
échapper à tous les témoignages de reconnaissance, et le banquier madrilène, tout en
comprenant qu'il y a des dettes dont le
cœur ne peut s'acquitter, sentait le besoin
de ne rester pas trop au-dessous du curé de
Laloubère. Il alla donc trouver Msr Pallotti,
nonce à Madrid, avec qui il était en rela-
tions d'affaires, lui conta son histoire, celle
de M. Latour, lui peignit vivement et par
le menu cette vie toute de dévouement,
d'abnégation et de sacrifice. « Illustre
seigneur, ajouta-t-il, est-il juste que de
telles vertus soient sans récompense ? Par-

lez au Père des fidèles, faites valoir les vertus du meilleur des prêtres..... »

Le futur cardinal se laissa volontiers gagner. De retour à Rome, cet illustre avocat de la meilleure des causes vint au Vatican, et porta bien haut les mérites de son modeste protégé.

« C'est fait, écrivait-il en espagnol à M. Rolland, la cause est gagnée et votre ami aura les honneurs qu'il mérite. Il est créé protonotaire apostolique. Rien que cela ? dites-vous. Et que vouliez- vous de plus ? Ce que vous ne vouliez pas, ce à quoi vous n'avez pu songer, il l'aura encore. C'est un degré supérieur dans la hiérarchie. Je vous expliquerai cela le jour de l'au revoir qui sera bientôt, j'espère, et je vous dirai ce que signifie *ad instar participantium*. Le secrétaire du collège Ulpian a reçu l'ordre d'expédier les Bulles : cela vous arrivera bientôt. »

On sait les lenteurs de Rome devenues proverbiales. Les jours se passaient et point de Bulle. Pendant ce temps, et sans avertir M. Rolland, l'abbé Latour partit.

De la Ville Éternelle, il écrit à son ami :

« Rome, voici Rome, la Rome de mes rêves, la Rome des Papes. Je suis arrivé, ce matin, avec mon ancien élève, M. l'abbé Cazenave. Vous avez dû déjà recevoir un télégramme vous annonçant notre heureux voyage. Nous allons beaucoup prier pour vous et les enfants. »

Le lendemain, tandis que l'humble prêtre s'apprêtait à sortir du modeste restaurant où il était descendu, il vit un carrosse s'arrêter devant sa porte, un prélat en descendre et demander *el signor* Latour. Le curé se nomme en tremblant, l'évêque l'embrasse avec effusion, lui fait prendre place dans sa voiture, à ses côtés, et l'on s'achemine vers la Via Argentina, du côté du Palazzo Barbiellini. Quand on est arrivé : « Vous êtes chez vous, dit Mgr Pallotti, car c'était lui, reposez-vous aujourd'hui : demain, nous irons voir Pie IX qui vous attend. »

Ce que cette entrevue causa d'émotions au curé de Laloubère, on le devine, mais nous n'en saurions rien si l'heureux témoin de cette scène ne nous l'eût conté, *un soir*, avec des larmes dans la voix et dans les yeux. Il nous pardonnera cette indiscrétion en faveur de celui qui l'aima d'une affection sans bornes.

Le bon curé s'avança en tremblant, puis, quand il fut à genoux devant le Souverain Pontife, le grand Pape s'inclina vers l'humble prêtre, le releva en souriant, de ce sourire que n'ont jamais pu oublier ceux qui ont vu Pie IX, et lui dit : « Je vous connaissais, *Monseigneur* Latour, oh ! oui, je vous connaissais, vous êtes un bon prêtre, un grand prêtre, soyez un grand prélat. »

Et comme le pauvre curé, pâle, le regard terrifié, ne savait que répondre, Pie IX lui prit les deux mains qu'il serra contre son cœur. « Si, si, vous êtes bon, très bon, je sais cela. Vous aimez beaucoup l'Eglise et le chef de l'Eglise. Continuez. »

Le vieux curé pleurait ; il tomba encore aux pieds du Pape-Roi, puis il sortit. Quand il fut dehors : « Monsieur l'abbé, dit-il à son compagnon de route, je ne comprends rien à ces honneurs, ou plutôt j'ai peur de comprendre. Ce cher Rolland ! Il aura

demandé..... et il a obtenu. Nous allons ren-
trer dans notre diocèse de Tarbes ; de grâce,
que personne ne sache ce qui vient de se
passer. Pour vous comme pour tout le
clergé, je suis l'abbé Latour et j'espère ne
pas mourir autre chose. »

M. l'abbé Cazenave promit et tint parole.
Seul, l'aumônier du lycée de Tarbes, le
frère du prélat, fut mis dans la confidence.

« Si tu savais, mon cher frère, ce qui
m'arrive ! Qu'ai-je donc commis de crimes
pour être ainsi traité ? On me comble ici
d'honneurs et j'en demeure confondu. M. Rolland m'a trahi et il a formé une conjuration
autour de ma triste personne. C'est à qui
me témoignera le plus d'estime et de sympathie. Tu me connais et tu sais ce que je
vaux. Je me suis anéanti devant Dieu en
pensant que le fils d'un pauvre laboureur
pouvait attirer sur lui les regards et les
sourires de la plus haute majesté d'ici-bas.
Pie IX est père, prince et pontife. Toutes
les tendresses sont mêlées sur son visage à
toutes les grandeurs. Quelle bonté, cher
frère ! Je l'ai vu hier. Ce qu'il a fait de
moi, je n'ose le dire. Je suis prélat, mais

pour toi seul, entends-tu. Quelle confusion pour moi si on le savait ! »

Puis il écrit à son ami d'Espagne sur le ton d'une aimable gronderie.

« Ça n'a pas été assez pour vous, cher monsieur, de m'ouvrir un crédit illimité chez votre correspondant de Rome ; il ne vous a pas suffi d'entourer d'agréments mon séjour d'ici, vous avez voulu encore jeter sur mes épaules le manteau de la folie. C'est ainsi que j'appelle ce brillant manteau que votre générosité plus que mes mérites m'ont fait accorder par le Souverain Pontife. Je n'ose vous remercier, cher monsieur, et pourtant Dieu sait ce que je nourris de reconnaissance au fond de mon cœur pour le plus délicat et le meilleur des amis. A vos bontés pourtant ajoutez-en une autre. Vous m'avez toujours demandé la vérité. La vérité est que je me sens tout à fait indigne d'un tel honneur et incapable d'en porter le poids. Permettez-moi donc d'en accepter les insignes, mais à la condition de les pouvoir garder comme un précieux souvenir de vous. Vieux comme je

suis, avec des infirmités naissantes, vous
imaginez ce qu'une mitre pèserait sur ma
tête. Laissons-la dans son écrin : on en
veut toujours quelque peu aux fronts cou-
ronnés. Tout ce que mon cœur désirait,
je le tiens. J'ai baisé la poussière des martyrs, j'ai reçu les bénédictions du Pape, et
quelles bénédictions ! Je suis chargé d'émotions, de souvenirs, d'admirations ardentes;
il ne me manque plus que de fermer bientôt les yeux et de ne plus les rouvrir ici-
bas, de peur de voir autre chose. »

Il sembla que Dieu l'entendit, car il ne lui
donna pas le temps de laisser s'attiédir son
enthousiasme pour Rome. Il eut tout juste
la force de verser durant deux années encore
ses émotions au sein de sa famille, dans le
cœur de ses amis et de ses ouailles; puis, il
s'en alla, le cœur tourné vers la sainte
Victime déjà prisonnière : il regagna la
Rome éternelle.

CHAPITRE VII

ÇA ET LÀ

CHAPITRE VII

ÇA ET LA

Et les élèves? Nous les avons laissés
grandissants, du feu dans les veines, des
larmes dans le cœur, ivres d'amusements,
de parties de plaisir, de courses furibondes,
ne rêvant que bosses, pétulants, emportés,
mais bons, généreux, ouverts à tous les
nobles sentiments, à toutes les tendresses.
Ce qu'il faut de fermeté et de mansuétude
pour dompter ces natures bouillantes, les
broyer, pour ainsi dire, et les faire renaître
de leur poussière, fraîches, jeunes, avec une
verdeur nouvelle, plus calmes, plus repo-
sées, plus assouplies, plus abordables, ceux-
là seulement peuvent le dire à qui le maniement de pareilles natures exceptionnelles a
été confié. Il faut être prêtre, avoir l'âme

libre de toute pensée étrangère, avec Dieu pour mobile et pour objectif; disons le mot, il faut, chaque jour, s'immoler avec son Dieu sur l'autel du sacrifice, pour ne pas rester trop au-dessous d'un tel dévouement. Combien ont sombré dans un pareil apostolat! Combien n'en a-t-on pas vus qui, animés des meilleures intentions, se sont brisés devant des volontés d'enfant? M. Latour eut la gloire de réussir dans cette tâche ingrate: il est vrai qu'on le secondait au Lycée de Tarbes.

Parmi les lettres que j'ai eu le bonheur de recueillir, il en est une particulièrement intéressante, écrite *en conscience*, et nous donnant la mesure juste de nos deux jeunes gens, en 1867. Les anciens élèves du Lycée se souviennent avec plaisir du professeur de quatrième d'alors. Cet homme d'une physionomie singulière avait je ne sais quoi de simple et de patriarcal qui lui gagnait tous les cœurs. Sa bonhomie relevée par un coin de finesse toute méridionale contraste agréablement dans les esprits avec la mine de ces universitaires guindés, raidis sous la vaste coupole de leur légendaire chapeau.

Suum cuique. On a dit tellement de mal de cette pauvre université que les honnêtes gens n'osent plus désormais en penser du bien. Et pourtant, si quelque chose pouvait nous réconcilier avec elle, ce serait bien cette lettre du meilleur des professeurs au meilleur des prêtres :

« Vous voulez, cher monsieur le curé, que je vous répète, par écrit, ce que depuis longtemps je ne cesse de dire à monsieur votre frère, au sujet des enfants, votre unique passion. J'aurais mauvaise grâce à ne point répondre à une aussi aimable invitation. Je comprends vos motifs..... Si j'avais à faire le portrait de l'écolier sérieux, laborieux, tenace, c'est M. Benoît qui poserait devant moi ; s'il fallait décrire l'élève étourdi, décidé, rieur, c'est l'autre, M. Laurent, que je prendrais. L'économie, la correction dans la tenue, c'est le premier ; la générosité, le négligé aimable, le second. On s'attache également à tous deux, et par des motifs divers. Voilà pour le caractère. Tous deux sont intelligents et réussiront. L'aîné aime les mathématiques ; son frère, les belles-lettres. Celui-là est très positif, celui-ci a des rêves d'idéal. Benoît aime ce qui est, Laurent ce qui sera. Vous ferez de l'un un excellent homme de finance, de l'autre un charmant littérateur. Voilà pour l'esprit.

. . . .

« Quant au cœur, monsieur le curé, je n'en dirai rien : on sent qu'un cœur de prêtre est passé par là et y a laissé une vive empreinte. La vie d'internat ne pourra, dans ces conditions, que leur faire du bien. Ils ont des principes, l'habitude du bien ; ils n'ont qu'à gagner avec leurs condisciples. Au reste, notre vigilance, la vigilance des répétiteurs leur est assurée, à toutes les heures. Vous pouvez donc être sans crainte, à leur endroit. Ne les aurez-vous pas d'ailleurs les jours de congé ? Et puis votre frère est là et vous savez si vous pouvez compter sur son dévouement. »

D'externes ils étaient donc devenus internes, ces bons enfants. Mais la sollicitude du pasteur ne s'arrête pas à la porte du lycée. Elle accompagnera le philosophe et l'humaniste jusqu'en leurs actions les plus indifférentes. Il s'occupera surtout de la formation de leur cœur. Aux jours de congé et pendant les vacances, il les conduit chez les confrères voisins : c'est une prédication par l'exemple.

On se trompe souvent dans le monde en parlant de la vie du presbytère. Les uns voient dans le prêtre un reclus triste et taciturne, incapable de gaîté. Ils se trompent. Les autres y voient le viveur jovial, incapable de travail, *bâclant* sa messe et son bréviaire, mangeant, buvant et promenant son oisiveté chez des confrères aussi désœuvrés que lui : ils se trompent encore. La vérité est que la gaîté franche et chrétienne ne se trouve nulle part aussi bien qu'au presbytère. Après le travail, un travail consciencieux, le prêtre a besoin de se détendre et il va chercher la distraction chez son ami : qu'y a-t-il de mal en cela ?

Mais quels discours ! dit le monde.

Le monde a peur des discours du prêtre, s'imaginant que ses scandales en sont l'unique aliment. Et en cela le monde a tort, car le prêtre ne connaît pas le monde. Le prêtre, en général, parle de ses œuvres, de ses études, il raconte volontiers ses peines, ses chagrins, ses petites piqûres d'amour-propre, il y est sujet plus que personne, mais rien au-delà. On comprend que l'enfant n'a rien à perdre et qu'il a tout à gagner en pareille société. M. Latour le pensa ainsi et il fit bien, car en même temps qu'ils rapportèrent de ces visites des admirations fécondes, nos deux jeunes adolescents, en voyant de près le clergé et ses œuvres, échappèrent aux préjugés ridicules auxquels on succombe trop souvent, hélas! de nos jours.

Après le clergé, c'étaient les pauvres et les malades. La visite aux déshérités d'ici-bas était toujours accordée aux enfants comme une récompense.

Il est peu de mes lecteurs, sans doute, qui n'aient vu Laloubère, ce gros village assis le long des rives de l'Adour aux eaux capricieuses, au milieu de la plaine luxuriante. Pour ceinture, des prairies plantureuses où gambadent des poulains agiles ; puis des champs à la grande culture, véritable jardin où tout pousse à souhait; enfin, plus près du village et comme une senti-

nelle vigilante, le château dresse ses tours
massives sans architecture. C'est un vaste
grenier où les paysans, presque tous fer-
miers du marquis de Palaminy, versent,
chaque année, la moitié de leurs produits.
On n'est pas riche, à Laloubère, et cela se
conçoit sans peine. Malgré la grande fécon-
dité du sol, il est, il doit être difficile à
beaucoup de ménages, en dédoublant le
fruit de leur travail, d'atteindre les deux
bouts.

Loin de moi de condamner la dépendance
de tout un village à un seigneur puissant,
quand celui-ci surtout a pour nom de Palaminy, symbole de toutes les vertus. Il me
semble, au contraire, que la noblesse riche
et secourable est plus que jamais une nécessité et que la question sociale est là. Quoi
qu'il en soit, à Laloubère, il y a, comme partout, d'ailleurs, des besogneux qui laissent
le champ libre à la charité. Bien différent de
ceux qui considèrent la pauvreté des autres
comme un malencontreux dégrèvement de
leur budget, l'abbé Latour y voyait une
arme pour le bien. Le besoin souvent ouvre
au prêtre des portes que l'opulence tiendrait

fermées. Le curé de Laloubère en faisait les affaires de Dieu. Seul, ou avec Benoît et Laurent quand ils avaient été *sages*, il allait dans les maisons les plus pauvres visiter ses malades. Là il s'asseyait, se faisait conter par le détail les affaires domestiques, s'approchait du malade, lui parlait de son mal, longtemps, puis du mal suprême. On l'écoutait avec respect, et quand c'était l'heure du départ, il était rare de voir le prêtre s'en aller sans déposer délicatement, dans un coin de la chambre, une blanche pièce de monnaie. Le soir, Benoît ou Laurent, quelquefois tous les deux, furent vus se dirigeant vers la maison du pauvre : ils apportaient en cachette quelques litres de bon vin et des friandises pour le malade.

Le cri est unanime à Laloubère : la charité, l'aumône, le dévouement, c'était lui ; les instruments heureux et fiers, c'étaient eux.

Il est peu de personnes qui ne m'aient dit un trait touchant de la charité du saint curé. J'en cueille un entre mille.

Un cancer affreux rongeait le visage d'un pauvre homme. C'était horripilant. On le

voyait peu, et toujours à distance. Seul, le
prêtre venait souvent s'asseoir à son chevet
et causer avec lui de longues heures. Les
enfants, un soir, l'accompagnèrent. Le spectacle de ces cartilages mis à nu, de ces
chairs calcinées, de ce visage en décom-
position, les glaça d'épouvante. Ils voulurent s'enfuir, le prêtre les retint ; ils avaient
triomphé d'eux-mêmes, ils voulurent revenir. Le prêtre les laissa faire et jamais, dit-
on, il ne fut plus heureux qu'alors.

Le malade s'en allait, il ne prenait plus
que des aliments liquides. « Ce sera bientôt
fait, » dit l'homme de l'art. Confessé, le
malade demande à communier. Le curé y
consent après plusieurs épreuves. Et le
pauvre cancéreux communie. Mais peu
d'instants après, l'hostie sainte revenait
parmi des flots d'un sang noir, et, spectacle
affreux, sublime, le prêtre se penchait.....
On sait le reste. Et comme on s'étonnait :
« C'était mon devoir : la théologie m'en-
seigne que j'aurais pu faire autrement,
mais j'ai choisi le mieux. »

L'année 1866 fut grosse d'événements.
Je n'ai à peu près rien dit jusqu'ici des

troubles d'Espagne. M. Rolland s'est toujours tenu en dehors des partis. Il est cependant une période sanglante à laquelle M. Latour ne demeura pas étranger et dont il convient de donner une esquisse rapide. Tandis que M. Douyau écrivait au curé de Laloubère la lettre aimable dont j'ai plus haut donné quelques extraits, et presque en même temps, on se battait là-bas, par delà les Pyrénées, dans la capitale des Espagnes. O'Donnel était au pouvoir quand éclata à Madrid l'insurrection du 22 juin 1866. On s'y attendait. La violence fut extrême et les honnêtes gens eurent à trembler.

Elevé sous un climat brûlant, l'Espagnol se livre tout entier à des passions · embrasées de tous les feux du Midi ; sa fierté dégénère souvent en fol entêtement, son courage en cruauté, son amour en entraînement des sens et en sanglants accès de jalousie ; l'imagination l'emporte presque toujours sur la raison ; dans la plupart des âmes, la religion vraie et pratique est remplacée par la superstition ; en même temps, la sobriété, l'absence de besoin développent partout une paresse qui frappe de la même paralysie les bras et l'intelligence. Apathie et emportement, emportement impétueux fruit de l'apathie prolongée, telle a été, telle sera la cause éternelle des révolutions en Espagne.

Dans la nuit du 22 juin, les artilleurs de la caserne San Gill se révoltent, massacrent leurs officiers et donnent le signal de la guerre civile. Les soldats des autres corps sont déjà gagnés et dans quelques instants la garnison tout entière de Madrid paraît devoir se soulever ; le parti démocratique se mêle au mouvement et s'apprête à combattre à côté des soldats, sous les ordres du général Pierrad, brave soldat dépourvu des qualités nécessaires pour réussir dans une entreprise si follement commencée. O'Donnel, le chef du cabinet, fut au contraire admirable d'énergie et d'activité : « Ce soir, dit-il, en montant à cheval, l'émeute sera vaincue ou je serai mort. » Il courut se placer à l'entrée de la rue d'Alcala, de manière à occuper la Puerta-del-Sol et la calle Tetuan où se trouve l'hôtel Rolland. On le vit là s'efforcer de maintenir l'insurrection dans le quartier de

San Gill, tandis que Serrano qui montra, ce jour-là, autant de courage que d'habileté, s'assurait que le palais n'était pas menacé, courait à la caserne del Principe, et, secondé par la ferme attitude du général Concha, retenait dans le devoir des troupes hésitantes et secrètement gagnées à la révolte. Immobile, à l'entrée de la rue d'Alcala, O'Donnel attendit que Serrano eût accompli sa périlleuse mission, puis sûr de n'être pas tourné, il donna le signal de l'attaque. Vainqueur à San Gill, il se reposa sur Serrano et Concha du soin de terminer la journée, et se rendit au palais où il fut reçu en sauveur.

Telle fut cette fameuse journée du 22 juin qui fit couler tant de larmes à Laloubère. A la date du 29 déjà, M. Latour écrivait :

« Quelle triste fête de saint Jean et de saint Guillaume vous avez eue ! Vous l'avez célébrée au milieu de la fusillade, au milieu des cris des blessés et des mourants. Pauvre madame Rolland ! pauvres enfants ! A quelles angoisses ils ont dû être en proie !

Nous les plaignons bien ! Pour vous, qui de longue date êtes fait à ces scènes d'horreur, vous avez été plus maître de vous-même.

« Mais où vous êtes-vous retiré pendant la bataille ? Où avez-vous caché les personnes qui vous sont si chères ? . . . . . .

. . . . »

Le 4 juillet, nouvelle lettre plus pressante. Il n'a pas eu de nouvelles, il en veut, il lui en faut :

« Je n'en puis plus, nous n'en pouvons plus ici, cher monsieur, et une lettre de vous nous est nécessaire. Les journaux nous apportent chaque jour des bruits plus attristants. L'Espagne est en feu, les ministères tombent, le trône chancelle, l'anarchie triomphe, le sang coule, et vous êtes là, et ce que nous avons de plus cher est là, en danger peut-être, qui sait ? De grâce, écrivez, dites-nous que le 22 juin n'a pas été trop cruel pour vous, que madame Rolland n'a pas trop souffert, ni l'enfant à venir, ni votre fortune si péniblement amassée. Que nous voudrions être à Madrid, cher monsieur, à vos côtés, pour partager vos tristesses! Nous les partageons d'ici beaucoup, vous le savez, et nous osons espérer que vous voudrez, le plus vite possible, nous donner signe de vie. »

Au lieu que le banquier madrilène se réjouit d'avoir, comme par miracle, échappé à la mort, le deuil va bientôt entrer, pour n'en plus sortir, dans la famille Latour. Il faut conter ici un épisode douloureux qui a tenu une large place dans l'affection de ces deux hommes et qui a cimenté d'une manière plus irrévocable des liens déjà si étroits.

On a fait une triste réputation à ces pauvres filles dévotes qui, par vocation, deviennent *servantes de curé*. A tort, je pense, on les accuse de sonder les mystères de la paroisse, d'entrer dans les secrets les plus intimes et d'exercer une sorte de sacerdoce ridicule peu fait pour attirer des âmes à Jésus-Christ. A en croire leurs détracteurs, elles tyrannisent le prêtre par leurs exigences et leurs bizarreries, et rien, dit-on, de plus acariâtre. Elles lui imposent leurs volontés les plus fantaisistes, et, parce qu'elles sont dévouées, se croient permis de régenter presque les consciences. Exagération, sans doute, mais heureux pourtant le prêtre qui a pu se soustraire à ces lourdes entraves d'une femme étrangère qui fait payer trop cher le droit d'avoir de la vertu. La femme, en général, est bonne. Elle a été définie « *un cœur* ». Et en effet, si l'homme a le courage, elle a la bonté. Son sourire est plus doux, sa voix plus caressante, son âme plus compatissante. Hélas ! elle a aussi la faiblesse de ses vertus, et le prêtre, s'il est jeune surtout, sera toujours heureux d'avoir à ses côtés une sœur dont le dévouement désintéressé lui épargnera bien des déboires. Ce fut pour M. Latour une de ces bonnes fortunes dont il remercia toujours Dieu. Il avait vu grandir sa sœur ; prêtre, il l'avait formée lui-même. Toujours à ses côtés, attentive à ses désirs, elle n'avait qu'une ambition : vieillir avec son frère et mourir le même jour.

Ce bonheur lui fut refusé.

Les vacances de 1867 allaient finir : « Si nous allions voir nos amis de là-bas, dit le

7

vieux curé à son frère l'aumônier, et faire une course à travers les montagnes ! Cela ferait plaisir à notre sœur et procurerait aux enfants une agréable et utile distraction. »
On partit pour Argelès le 29 septembre. Le 2 octobre, au matin, sous un ciel riant et bleu, on s'acheminait vers St-Sauveur. Par un caprice cruel, la nature semblait avoir pris son plus bel air de fête ; et pourtant on allait à la mort. Elle était là, parmi ces rubans verts de peupliers élancés qui bordent le Gave, guettant sa proie. Mᶫᵉ Latour marchait devant, les enfants à ses côtés, gais et folâtres. Puis venaient les deux prêtres qui causaient. On arriva au chemin de Scia pour entendre le Gave mugir au fond des précipices. Soudain, au loin, un tourbillon de poussière apparaît, des chevaux emportés par une course vertigineuse se dégagent du nuage blanchâtre ; ils sont là. Un cri de désespoir se fait entendre... Laurent !... Plus rien. Les chevaux sont passés. Sur le bord du chemin, une femme, affreusement pâle, gît étendue, le visage contracté. C'est elle, la sœur de M. Latour. Laurent allait périr, piétiné par les che-

vaux. Elle s'est précipitée. Il est sauvé : elle se meurt. Dans un violent mouvement de recul, il y a eu rupture de l'épine dorsale.

Les deux prêtres sont à côté, consternés, silencieux. Ils pleurent toutes les larmes de leurs yeux et de leur cœur. Leur âme angoissée ne peut se faire à l'idée d'une séparation. Ils voudraient mourir et mêler leur vie à celle de leur sœur bien-aimée. Elle est un besoin pour eux, une nécessité pour ces enfants.

Ce que fut le retour, on le sait, et, puisqu'il semble que j'aie entrepris dans ce petit travail toutes les réhabilitations, je ne veux pas manquer de venger ici le prêtre d'une fausse accusation.

On dit, je l'ai entendu dire, la religion tue le cœur. Dieu d'abord, les hommes bien loin derrière lui. Il faut tout sacrifier à sa foi, père, mère, femme, enfants. Le prêtre, le religieux quittent tout, d'un cœur joyeux ; ils n'aiment donc rien. D'ailleurs, souvent, ils brisent le cœur de leur mère, ils savent que la séparation la fera mourir,

ils vont quand même. Est-ce là l'affection ?
— Oui.

Dieu, en faisant l'âme du prêtre, y a versé, ce semble, avec prodigalité, des trésors d'amour. Condamné, par vocation, à n'avoir d'autres liens que des liens tout spirituels, l'homme de Dieu se dédommage, peut-on dire, par un redoublement de tendresse pour les siens. Il y a dans son amour filial des délicatesses que le monde ne soupçonne même pas ; l'âge lui-même ne vient pas toujours à bout de la vivacité de ces affections et j'en connais qui, vieillis, usés, conservent dans leur corps desséché des cœurs d'une jeunesse propre à rendre vos enfants jaloux.

La religion ne tue pas le cœur, elle en dirige, en règle les mouvements, et si le religieux, le prêtre, passent sur le corps de leur mère pour se donner à Dieu, croyez que, le plus malheureux, ce n'est point la mère incapable d'un pareil sacrifice, mais le fils qui trouve dans son amour pour Dieu et pour sa mère le courage de briser deux cœurs.

Sous sa dureté apparente, l'abbé Latour portait, au dedans de lui, cette flamme vive des affections fraternelles, purifiée, agrandie, et comme spiritualisée au contact de l'amour divin. Aussi cette mort, dans ces circonstances, creusa-t-elle dans sa vie comme un abîme que rien ne pourra combler. Les doux épanchements du tête-à-tête, cette vie à deux, cette confiance réciproque de deux vieillards sexagénaires habitués à partager leurs joies et leurs chagrins, manquant tout à coup, le curé de Laloubère se sentit pris, sans le vouloir, de la nostalgie de ce pays où l'avait devancé sa sœur bien-aimée.

Mais, avant de mourir, il lui faut encore faire des sacrifices. Ces enfants, sa consolation, son amour, il devra s'en séparer; il devra assister à la cruelle agonie de notre cher pays. Douloureuses étapes d'une vie de dévouement dont il convient de saisir quelques traits.

CHAPITRE VIII

A TRAVERS LE CŒUR HUMAIN

CHAPITRE VIII

A TRAVERS LE CŒUR HUMAIN

En apprenant le triste malheur, M. Rolland pleura.

« Quelle affreuse nouvelle, écrit-il à la date du 10 octobre ! Mademoiselle Latour si bonne pour mes enfants, si dévouée, il ne me sera plus donné de la voir à Laloubère, de lui parler de vous qu'elle aimait tant, de vos œuvres auxquelles elle m'associait si volontiers ? Nous faisons une cruelle perte tous deux, cher monsieur, et je ne sais qui de vous ou de moi a le droit de plus se désoler, de vous qui étiez son frère, ou de moi qui lui avais voué, dès le premier jour, un véritable culte de respectueuse sympathie. Je comprends votre douleur et, bien loin d'essayer de vous donner des consolations, je serais presque tenté d'en demander pour moi-même. Pleurons ensemble, cher monsieur, et disons-nous qu'ils sont bien comptés, les jours heureux de notre existence... »

Quelques jours après, il écrit encore :

« Vous aller voir, non, je ne le puis. Je sens trop le vide qui a été fait au milieu de vous, pour m'exposer à renouveler des douleurs si peu calmées. C'est ici, cher monsieur, à Madrid, parmi nous, que je vous convie de venir, avec les enfants... »

A quoi le bon prêtre répond :

« Le temps des longs voyages est passé pour moi, et je comprends que c'est le commencement de la fin. Mes jambes vacillent, tout se déboîte. Dieu reprend peu à peu son œuvre. La mort vient lentement, mais elle vient. Je la sens couler dans mes veines et je me prends à trembler à la pensée que je n'ai rien à offrir à Dieu. J'avais espéré finir mon église : en aurai-je le temps ? Ce sera désormais mon rêve. L'autel est debout : il est magnifique. La paroisse le verra toujours comme une prière en faveur de la chère Maria. La fabrique accepte la fondation avec reconnaissance : une messe sera chantée, toutes les semaines, au nom de la défunte si regrettée. »

Les lettres, à dater de ce jour, deviennent plus fréquentes.

Chaque petit évènement de Madrid, les moindres incidents de la vie de famille comme les orages de la place publique, tout s'écrit, tout se commente avec entrain, verve et gaîté ! L'Espagne est livrée aux révolutions, le duc de Tétuan est mort, Narvaez va mourir. De tous côtés, on prend les armes ; la faiblesse du pouvoir fomente la révolte chez les réfugiés espagnols. *Les Amis du Peuple* publient des manifestes, Cadix se soulève, toute l'Andalousie conspire, c'en est fait de la reine Isabelle et peut-être de la royauté. Qu'importe au banquier madrilène ? Sa fortune est en jeu, une catastrophe est à craindre. Mais là-bas, par delà les Pyrénées, un prêtre, un ami souffre. Il oublie sa fortune, il oublie les malheurs possibles pour ne songer qu'à son cher M. Latour. C'est un déluge de cendresses. Tout l'esprit de Mme Rolland (elle en a, et du meilleur) est mis à contribution, Mlle Marie envoie des billets charmants, les *tout petits* eux-mêmes essayent leurs plumes.

De son côté, M. Latour s'efforce de perdre le souvenir de sa sœur pour donner à son ami toutes ses pensées.

Il s'ingénie à trouver des mots aimables : l'homme grave sourit et il devient enfant avec ces enfants qu'il ne connaît pas.

On sait l'anecdote d'Henri IV allant à quatre mains dans ses appartements et promenant à cheval, sur son dos, le futur roi de France.

Le bon curé aussi a l'air de prendre intérêt à toutes ces jacasseries enfantines, il applaudit aux récits naïfs de ces *petits anges*, il leur voit pousser des ailes bleues et rouges, et, avec Joseph de Maistre, il compare leurs jolies âmes à une feuille de papier bien blanche sur laquelle le démon n'a rien écrit encore. Quel plaisir d'y écrire et d'y graver en lettres d'or le nom de Jésus ! Cela viendra peut-être ! ! !

Hélas ! non, cela ne viendra pas. Les aînés bientôt vont s'en aller : la solitude va se faire plus grande encore au presbytère.

C'est d'abord le tour de Benoît. Ses grades obtenus, il retourne en Espagne. « Que fera-t-il, se demande le prêtre ? » Et il répond : « Un peu de droit lui fera du bien, qu'il fasse du droit : il arrangera ainsi plus facilement les affaires en litige. »

Va-t-il le perdre de vue ? Point. Il est trop prêtre pour cela.

Une comparaison vulgaire se présente à mon esprit. Vous est-il jamais arrivé de rencontrer, le long du chemin, cet idéal de l'amour maternel, la poule entourée d'une nombreuse famille ? Elle est là, attentive, vigilante, empressée pour chacun, distribuant à tous leur nourriture, la divisant sur le sol, et becquetant les intrus. La famille grandit, sa vigilance s'en accroît. Enfin les ailes leur ont poussé; ils commencent à s'affranchir de la tutelle de leur mère. Elle, fière d'eux, continue, de loin, à les suivre du regard, écoute leurs moindres cris de détresse, et si l'épervier aux serres cruelles s'apprête à fondre sur eux, elle les avertit de sa voix plaintive et maternelle.

Ainsi M. Latour. Au moindre soupçon de souffrance morale, sa pensée vole à Madrid. Il regarde, il interroge, il veut savoir. Les pourquoi se succèdent sous sa plume. Un jour, Benoît lui écrit qu'il voudrait mais qu'il ne peut pas lire, et le prêtre de répondre :

« Vous aimez à lire, tant mieux, car on ne peut pas apprendre à aimer à lire. Il est des hommes sur qui le livre, quel qu'il soit, exerce une sorte de fascination ; ils ne savent voir un livre sans se sentir un besoin, et un besoin irrésistible de le lire et de savoir de quoi il traite. Un auteur a dit que, tenir un livre, c'est tenir un homme. En effet, ce qui seul survit des œuvres humaines, ce que le temps ne parvient pas à détruire, c'est le livre, trait d'union entre ceux qui vivent, ceux qui ont vécu et ceux qui vivront. D'enfance, on a le respect du livre ; on sent là, sans le comprendre, le meilleur des âmes et des intelligences ; c'est un tombeau devant lequel on se découvre en attendant le jour où l'on pourra descendre dans ses profondeurs mystérieuses pour le sonder, disséquer en silence ce qu'il contient et lui communiquer sa vie.

« Mais malheur, mon cher ami, à qui n'aime pas le livre, pour ainsi dire, en naissant. Vous avez beau le lui vanter, lui en montrer toutes les finesses, l'intérêt palpitant, rien n'y fera, son âme restera à jamais fermée au plaisir délicat que donne le livre.

« Vous aimez la lecture et je vous en félicite. On peut avoir de l'intelligence, de l'esprit, de la fortune ; on peut briller dans le monde et ne lire point. Mais aux jours de trouble, quand tout est silence autour de vous, aux heures, et il en est dans la vie plus que vous ne sauriez croire, où le cœur est oppressé sans que l'expansion soit possible, oh ! alors, quel bonheur pour le jeune homme d'avoir un livre ! Au lieu de se replier sur lui-même et de se livrer à l'étude souvent dangereuse du *moi*, il prend ce vieil ami qui lui parle le langage qu'il veut, lui tient lieu de confident et l'empêche de faire ce que les médecins disent de l'estomac de l'homme à jeun qui se digère lui-même.

« Telle est mon opinion sur la lecture et les livres. Avec Dieu dans le cœur, la vertu pour sauvegarde et le livre pour compagnon, l'homme se suffit et il est à l'abri de toute chute. Lisez donc, mon cher **ami**, lisez au moment où la fatigue vous gagne. Quels livres ? Vous avez là des maîtres sûrs et dévoués qui, mieux que moi, à distance, vous fixeront sur le choix de vos livres. »

L'histoire et la politique auront leur tour. La bonne politique, c'est de n'en point faire, de suivre les mouvements sans les provoquer, de voir Dieu dans les causes et de le chercher dans les effets. Point de passion, il faut être calme, en Espagne surtout où l'on se laisse si facilement emporter par le tourbillon. Les révolutions passent, les hommes passent, les peuples eux-mêmes passent, *Dieu seul* ne passe pas.

Dieu seul ! telle était la devise noble et fière du prêtre. « Je voudrais qu'elle devînt vôtre, mande-t-il à son élève. Portez-la tou-

jours écrite sur votre cœur. Elle vous empêchera de trop compter sur les hommes qui
promettent tout et tiennent peu de chose.
Dieu, mais lui seul, tient tout ce qu'il
promet. »

Les évènements se précipitent. L'Espagne
est en état de siége, la guerre civile allumée partout. La reine Isabelle jouit à
St-Sébastien des derniers applaudissements
de la foule et se plaît à des manifestations
populaires qui ne manquent jamais aux
souverains jusqu'au jour de leur chute et
les endorment dans les plus funestes illusions. Mais quel terrible réveil ! A mesure
que grandit l'insurrection, les courtisans
s'éloignent. Bientôt la reine infortunée,
après des hésitations cruelles, quitte St-Sébastien et se rend à Biarritz, emportant
avec elle une monarchie deux fois séculaire. Le dernier des Bourbons était tombé
du trône.

On sait le reste. Les chefs du gouvernement provisoire cherchent de tous côtés
un roi. Il s'en trouve qui consentent à porter la couronne. Le duc de Montpensier
s'offre à régner; Napoléon III le repousse;

la Prusse offre son candidat en la personne du prince de Hohenzollern. Ce fut la cause ou plutôt le prétexte de cette guerre néfaste, follement entreprise, mal dirigée, qui a précipité Napoléon III du trône, coûté deux provinces et rouvert la plaie encore saignante des révolutions.

« Fermons les yeux, écrit M. Latour à son ami, pour n'être point témoins de ce triste spectacle. La mort, cher monsieur, est préférable mille fois à ce que nous voyons à cette heure. L'Espagne en déroute et la France aux abois; la royauté traînée dans la honte et nos pauvres enfants obligés de mourir pour payer des caprices ! L'autre semaine, quelques-uns des plus jeunes sont partis. C'était navrant. Le matin, ils sont tous venus à l'église. C'était une cérémonie funèbre où rien ne manquait, pas même les larmes des mères. Pauvres mères ! Il fallait les voir se jeter au cou de leurs fils, les étreindre et leur dire des adieux qui fendaient l'âme ! La mienne, cher monsieur, est brisée et je sens que ce sera le coup de grâce. »

Après ces larmes répandues sur la tombe déjà entr'ouverte de ceux qui vont mourir, le bon curé regarde autour de lui. Laurent a grandi, l'année a été bonne, il a travaillé, ses maîtres sont contents de lui. « Et moi aussi », dit le prêtre. Les corrections ne lui ont pas manqué, mais quel cœur ! Il sera la bonté même, la générosité, la grandeur d'âme.

Puis ce sont les honneurs dont on veut l'*accabler* qui lui arrachent des accents nouveaux d'humilité profonde. La prélature n'est point pour lui, voilà déjà un an qu'il ne cesse de le redire. Il se jette presque aux pieds de M. Rolland pour le supplier d'avoir pitié de sa vieillesse souffrante. Ce n'est point quand les larmes coulent de partout qu'il est permis de se réjouir. La patrie est en deuil : il convient de voiler d'un crêpe tout ce qui rappelle la joie. Il est Protonotaire apostolique, presque au sommet de l'échelle, puisque le Souverain Pontife ne crée qu'un dignitaire, dans l'espèce, chaque année ; mais, de grâce, que son ami le laisse mourir dans sa soutane noire, au milieu de ses enfants !

REVANCHE SUR LA MORT

CHAPITRE IX

REVANCHE SUR LA MORT

La mort, cette cruelle messagère, va venir.

Le voyage et les émotions de Rome, les deuils de la séparation, les tristesses de l'heure présente avaient fini par triompher de la constitution robuste de l'humble prêtre. Il était brisé et il déclinait rapidement. Malgré tout, il allait encore, ne songeant pas à ses fatigues, redoublant de zèle à mesure qu'il se sentait approcher du terme. En 1871, vers le commencement de juillet, une extrême faiblesse se déclara : on n'y prit point garde. Mais bientôt à cet état de prostration vint s'ajouter une suette miliaire aiguë. La maladie s'aggrava, se compliqua : on craignit sérieusement.

M. Rolland informé se hâta d'envoyer Benoît, promettant bien d'accourir lui-même au signal du moindre danger. Le 10 août, le vieux prêtre se traîna comme il put jusqu'à l'autel et y offrit le saint sacrifice pour son cher Laurent dont on célébrait la fête : ce devait être sa dernière messe.

Cependant le mal progressait, une fièvre chaude torturait le doux malade. Le docteur Vignes, de Tarbes, est appelé. « Hé bien, docteur, que pensez-vous de mon état ? — Je pense, Monsieur le curé, que ce sera long. — Long, dites-vous ? Et moi je sens que c'est fini. Il n'y a plus rien à faire avec les hommes : pensons sérieusement à Dieu. »

M. Latour demande à recevoir les derniers sacrements. On appelle le curé d'Odos, son confesseur. Dès qu'il entra : « Je vais m'en aller, Monsieur le curé, la mort est là, vous comprenez ». Et il se confessa. Puis s'asseyant sur le lit : « Où sont mes enfants bien-aimés ? Approchez, mes enfants, et venez pardonner à celui qui eut toujours pour vous un cœur de père. » Il parla longtemps et des sanglots s'échappaient de toutes les poitrines.

Le matin du 27, qui était un dimanche, M. Latour, oubliant son mal pour ne songer qu'à celui des autres, remarqua la pâle maigreur du jeune Benoît. Il appela Ninette, sa gouvernante, qui pleurait dans un coin : « Pourquoi laisser ainsi maigrir mon cher enfant ? Ah ! si Rolland le savait ! » Et comme la pauvre fille désolée essayait de répondre que les fatigues du jeune homme étaient peut-être dues aux chaleurs accablantes de la saison : « De l'action et non des prétextes, » répondit le prêtre.

Puis il l'envoie entendre la messe. Elle hésite... « M. Benoît sera mon garde-malade. N'est-il pas vrai, Benoît, que vous vous tiendrez à mes côtés pendant qu'elle ira prier pour nous deux ? » — M. Benoît lui prit convulsivement les deux mains et les arrosa de ses larmes.

Dans la matinée, le docteur vint : il poussa un soupir et s'esquiva. M. le curé le regarda. « Mon Dieu, s'exclama-t-il, je veux bien mourir, mais je pars avec le regret de n'avoir pas mis la dernière main à mon église. »

Il s'en allait à grands pas. « M. Rolland,

fit la domestique vers les dix heures, je crois que la fin approche. Peut-être le moribond ne passera-t-il pas la journée. Il est temps, ce me semble, de l'aider à mettre ordre à ses affaires. — Le danger ne me paraît pas aussi immédiat, répondit le jeune homme ; le notaire viendra demain avec le P. Lacrampe. — Ce sera trop tard. — Je vais donc les mander tout de suite. » Et il envoya un billet au P. Lacrampe, ancien missionnaire, ami du curé. Ils vinrent en effet vers les deux heures. « — Monsieur le curé, demanda le notaire, connaissez-vous les témoins ? — Ah ! si je connais mon cher ami Lacrampe ! si je connais mes enfants ! » Et il se mit à les nommer les uns après les autres. On procéda au testament. Quand tout fut fini, il pouvait bien être trois heures, et les vêpres allaient commencer.

Rien de plus chrétiennement simple que sa mort. On causait autour de son lit, et, malgré sa faiblesse, il prenait part à la conversation. La mort se tenait à la porte. On le savait, il le savait, prête à entrer ; la souffrance était là assoupie par instants, mais par instants aussi rugissante, et le bon curé causait. Il parlait de son ami Rolland, des enfants, de Laurent surtout depuis quelque temps parti en Espagne. Enfin, il se tut. On crut qu'il allait reposer. La domestique, le voyant de plus en plus faible et l'entendant dire : « Je me meurs, » ouvrit les fenêtres et, apercevant M. l'abbé Cazenave, le frère du curé de Ste-Marie, qui ouvrait la porte : « Monsieur l'abbé, vite, allez faire sonner l'agonie. » Et pendant que l'agonie sonnait et que Notre Seigneur sortait de son tabernacle, le saint curé, tout doucement, sans effort, sans aucun de ces spasmes et de ces convulsions qui précèdent la fin, s'en alla rejoindre sa sœur et recevoir la récompense de sa vie de dévouement et de sacrifice : il était quatre heures et demie.

On s'attend peut-être à trouver ici un tableau de la douleur de M. Rolland. Il n'en sera rien. Il serait aisé, si on écrivait le roman de cette vie, de le montrer s'arrachant les cheveux de désespoir, l'œil hagard et livide, demandant à tous les échos le nom de son ami, et n'acceptant point de consolation parce qu'il n'est plus. Mais c'est l'histoire d'une œuvre que j'ai entreprise, et l'histoire exige la vérité. Donc, M. Rolland ne pleura point en apprenant la triste nouvelle ; sa douleur fut de celles dont le silence étouffe. Il regarda bien en face la perte qu'il faisait, dut songer à tous les bienfaits reçus depuis le jour inoubliable où il entra au presbytère de Guchen pour la première fois, jusqu'au jour si près où son Laurent lui fut rendu, et alors, dans cette âme naturellement sensible, une idée lumineuse passa. Les funérailles, sans doute, il les voulait grandes, il les voulait dignes de son ami. Mgr Latour, on pouvait bien l'appeler de ce nom maintenant qu'il n'était plus, aurait les honneurs dûs à son titre. Il ne laissait rien, tant mieux ; Benoît saurait bien glisser de l'or à son chevet et l'y retrouver, le lendemain, pour les pauvres de Laloubère ; sur ses cendres, au cimetière, s'élèverait un mausolée rappelant son nom et son souvenir aux enfants de la paroisse. Mais ce n'était pas assez.

« La mort, a-t-on dit, laisse quelquefois plus de vide que la vie ne prenait de place. »

On a vu la place que l'abbé Latour prenait dans la vie de M. Rolland, on va voir le vide que sa mort y laissa.

« Ce n'est pas assez, se dit-il, que les honneurs de la tombe, pour le meilleur des amis, le plus dévoué des prêtres. Ce que je ferai, je ne sais, mais il n'est rien que je ne fasse pour sauver de l'oubli la mémoire de l'abbé Latour. Vivant, je ne fis rien sans le consulter ; il est mort, et son image vénérée m'aidera à accomplir des sacrifices. »

Nous touchons, on le sent, au sujet même de notre livre et le lecteur impatient se demande depuis longtemps où est donc cet Asile dont on a promis l'historique. L'Asile, le voilà ; son histoire, elle est là, dans ces pages. C'est l'histoire de deux cœurs qui se sont rencontrés sur le chemin âpre de la vie. Aussitôt connus, ils se sont aimés ; amis, ils sont allés ensemble, l'un dans l'autre, confondus jusqu'au jour où une déchirure s'est faite, profonde, inguérissable. La mort a passé, un cœur s'est brisé, l'autre a fait au fond de lui-même une retraite mystérieuse, et là, dans l'intimité de ses pensées et de ses sentiments, il a bâti un autel au cœur absent. Et au pied de cet autel, dans ce temple sacré, il descendra tous les jours, en secret, mystérieusement, pour y déposer l'obole du sacrifice. Le monde rira. Il se demandera comment le riche banquier dont les **affaires** vont toujours prospérant diminue ses dépenses personnelles ; la calomnie, l'affreuse calomnie qui n'épargne personne et s'attaque surtout aux grandes âmes et aux belles actions, vient à son tour interpréter et noircir à souhait les mouvements les plus désintéressés de la plus généreuse des natures. Et qu'importe à M. Rolland ? Le monument qu'il élève à son ami monte, monte. L'or du sacrifice s'accumule et un jour vient, jour béni, où enfin ce monument, élevé seulement dans son rêve, devient une réalité touchante, où cet or lentement amassé retombe en pluie de gloire sur le nom de son cher curé.

Voilà l'histoire de l'Asile de Guchen que je dirai par le détail. On comprendra cependant ma réserve. Mon travail est une œuvre d'édification et non de combat. On m'a demandé de flétrir des noms et de condamner des actes. Je laisse à Dieu de punir des actes. Miséricordieux et plein d'indulgence pour les coupables, je ne me sens pas le courage de dénoncer des hommes qui sont mes frères et que j'aime dans la sincérité de mon cœur.

CHAPITRE X

A L'HORIZON

CHAPITRE X

A L'HORIZON

Pourquoi un Asile ? pourquoi à Guchen ? Les âmes sensibles ont déjà répondu à la première question ; les bons patriotes à la seconde.

De toutes les vertus, la plus rare et la plus belle, la plus belle parce qu'elle est plus rare, c'est la reconnaissance. Il suffit de donner pour faire un ingrat. Souvent la main qui s'est tendue pour recevoir un bienfait est celle-là même qui sera le ministre de l'injure. Avez-vous sauvé l'honneur d'une personne sérieusement compromise ? attendez-vous à voir bientôt flétrir le vôtre. Qu'est-ce que le salon ? Une fabrique de calomnies et d'ingratitudes. Votre obligé vous est-il supérieur ? Il se hâte de faire oublier qu'il a reçu de vous un bienfait en vous humiliant sans pitié. Calomnie en haut, calomnie en bas, ingratitude partout.

Mais aussi quand il se rencontre une âme belle qui à vos bontés répond par des bontés, à vos sourires par des sourires, à vos générosités par des générosités, qui vous suit dans la bonne comme dans la mauvaise fortune, sans aucune vue d'inté_ rêt, sans autre mobile que celui d'obéir à un sentiment spontané, l'admiration monte de notre cœur sur nos lèvres, et nous disons : « L'homme bien né, le voilà ! »

Sans doute, mais l'homme bien né sera aussi un homme de cœur, si à la reconnaissance qu'il veut rendre héroïque il sait mêler la charité. M. Rolland pouvait montrer sa reconnaissance de bien des façons : la meilleure, c'est celle qu'il a choisie.

Encore enfant, dans les rues de Guchen, sur la route qui mène à Ancizan, le long des chemins noueux de Grézian et de Bazus, il avait souvent rencontré des vieillards dépenaillés, loqueteux, ivres ou mendiants, abêtis, l'œil éteint, stupide, grattant leur vermine et demandant le pain

de l'hospitalité ; il avait vu des enfants,
leurs petits doigts endoloris et bleuis par
le froid, criant la misère et la faim, tristes,
la larme à l'œil, appelant vainement leur
mère morte de délabrement et de consomp-
tion, vaguant par les rues, oisifs, capri-
cieux, futures recrues de la prison et du
bagne, et il s'était dit : « Ah! si j'avais du
pain pour ces infortunés! si j'avais un
abri! » Mais le pain était rare chez lui, le
logis étroit. Aujourd'hui, grâce à son
travail et à sa volonté persévérante, grâce
aussi aux conseils et aux prières de son
ami, il est riche. Désormais, concilier ces
deux sentiments, sentiment de commiséra-
tion pour les infirmités humaines et de
gratitude pour son bienfaiteur, telle sera
sa pensée unique. Il cherche, interroge,
s'entoure d'ouvrages nombreux.

Un des hommes qui l'ont le mieux connu
à cette époque de tâtonnements et de
doutes m'a conté que jamais il n'avait tant
vu à son ami l'air anxieux. Il y avait quelque chose de fébrile dans son regard et
dans sa voix.

Enfin, un jour, à son retour des Pyré-

nées, son visage est rayonnant : le choix
est fait. Je conterai plus loin comment ;
il faut dire ici pourquoi Guchen fut choisi
pour voir s'élever dans ses murs l'Asile
saint Jean-Baptiste.

Une lutte a dû s'établir, ce semble, dans
le cœur de M. Rolland. D'un côté, Laloubère avec tous ses souvenirs. Là, dans ce
presbytère vénéré, il était venu mille fois
chercher des lumières et des consolations ;
là, il avait vu le dévouement, le sacrifice,
l'héroïsme, peut-on dire, se cacher pour
faire plus de bien à l'âme de ses enfants ;
c'est là enfin que reposaient les restes de
M. Latour.

Sur ces restes vénérés, c'est à grand
peine si la vertu alarmée de l'aumônier du
lycée de Tarbes avait consenti à voir s'élever un mausolée en marbre blanc de Car-
rare se mariant agréablement au marbre
des Pyrénées. Ces entraves n'avaient fait
qu'aviver l'ardeur de M. Rolland. Déjà la
générosité du riche banquier s'était mani-
festée dans l'église paroissiale. Les cloches
chantaient ses bienfaits, l'autel proclamait
ses largesses. Aux jours de grandes fêtes,

un beau calice du XIIIe siècle, œuvre d'art, d'un travail merveilleux, servait pour le sacrifice, et on devinait, à le voir, la main libérale qui l'avait donné. M. Rolland nourrissait d'autres projets, mais Guchen était là et Guchen évoquait des souvenirs plus nombreux et plus touchants.

Guchen, c'était le berceau et on espérait que ce serait la tombe. Guchen, c'étaient les premiers souvenirs de l'enfant, sa famille, ses amis, une sœur encore vivante. Guchen, c'était surtout M. Latour connu, vénéré, sacrifié. Guchen l'emporta.

CHAPITRE XI

L'ASILE, VOICI L'ASILE !!!

CHAPITRE XI

L'ASILE, VOICI L'ASILE!!!

L'horloge de Guchen marque minuit. Du presbytère sortent trois hommes. « Monsieur le curé, dit l'un d'eux, cela se fera ; vous aurez bientôt un Asile. — Ah ! cher monsieur Rolland, quelle œuvre vous entreprenez ! — Tout est prévu, tout. Je le veux, nous l'aurons. » Puis on se salua.

M. Rolland et son compagnon s'en allèrent, tandis que le prêtre un peu fatigué d'une veille inaccoutumée refermait vivement la porte : c'était en mai 1881.

Quel était ce prêtre à qui M. Rolland venait de faire ainsi sa première ouverture?

Si j'avais à peindre la vertu aimable, hospitalière et point farouche, si l'on me demandait de faire le tableau du prêtre bon, miséricordieux, dévoué jusqu'au scrupule, je sais bien qui je prendrais.

Dominant les Baronnies et la vallée de l'Arros, là-haut, en face des Pyrénées, sur un étroit mamelon, se détache un clocher massif. Autour, le champ où les morts reposent. Dans l'église, pauvre petite église rustique dont la propreté fait tout le luxe, un prêtre, souvent, vient se recueillir devant son Dieu : c'est le curé du village. Il partage tout son temps entre son jardin et son église. Ses supérieurs lui ont plusieurs fois offert des postes importants : il ne dépendait que de lui de monter : il a mieux aimé descendre. Aux dignités il a dit : « Passez. Vivre ignoré et faire le bien sans bruit, c'est la vocation du prêtre. » Et il est là, presque oublié dans son modeste village, cet homme d'esprit et de cœur, nourrissant de sa parole substantielle les petits avides de l'entendre, réjouissant de sa voix puissante et jeune encore ces âmes simples fières d'un tel pasteur.

Bon et cher prêtre, il y a longtemps que j'ai eu le bonheur de vous rencontrer pour la première fois ; j'étais un enfant et vous avez daigné sourire. Merci. Je vous aimai en vous voyant, combien plus quand vous voulûtes bien me laisser pénétrer dans votre cœur si riche de vertus. Vous me prîtes par la main et c'est vous qui jusqu'à ce jour m'avez conduit. Le peu que je suis, je vous le dois. Oh ! merci. Combien il me serait doux de mettre ici votre nom ! Vous ne le voulez pas. Que du moins derrière ce voile dont votre modestie m'impose de le couvrir, mes amis, qui sont aussi les vôtres, sachent reconnaître le digne successeur de M. Latour à Guchen, celui qui, pendant près de vingt-cinq ans, fit le bonheur de la paroisse entière.

Le banquier madrilène avait déjà plusieurs fois écrit au curé de Guchen pour lui soumettre des projets. Rien jusqu'ici n'avait abouti et on comprend l'air de doute railleur dont le sage pasteur accompagna ses dernières paroles. M. Rolland, avec une chaleur de parole, une vivacité d'accent toute castillane, lui avait, dans cette soirée mémorable, confié tous ses desseins. Le pourquoi de l'Asile, il l'avait dit, il avait fait entrevoir le comment : « Je veux une réparation éclatante à l'endroit même où se fit l'injure. C'est dans la maison du maire que M. Latour fut jugé et condamné pour moi. Cette maison m'appartiendra, je l'achèterai et j'en ferai le temple de l'expiation. » Et comme le curé de plus en plus étonné se récriait : « Le secret, monsieur l'abbé, j'arriverai. »

La foi dans ses moyens, quelle belle chose quand elle est servie par une indomptable volonté ! « J'arriverai, » mot grand, seulement vrai dans la bouche des vaillants.

Acheter la maison Olive, la garder soigneusement pour dire aux générations : « En cet endroit, un prêtre fut maltraité ; les persécuteurs sont morts et le persécuté est vivant dans cette maison où tout parle de lui », en faire un musée pieux où trouveraient place les objets ayant appartenu à l'ancien curé de Guchen, ce fut la première pensée de M. Rolland. Et l'Asile ?

Abondance nuit, dit-on. On l'éprouva à Guchen. Le bruit courut que le banquier allait construire une grande maison. Pourquoi, pour qui, on l'ignorait, et les savants de l'endroit parvinrent un matin, à force de recherches patientes, à découvrir que ce serait une *jésuitière*. Chacun protesta de son mieux contre l'envahissement clérical et fit, en secret, offrir à M. Rolland de lui vendre chèrement sa propriété pour sa future construction. « Mon usine est là qui tombe de vétusté ; prenez-la, monsieur, vous la relèverez et elle deviendra un fort bel établissement. — Oh ! monsieur, venez visiter ma propriété. Du soleil tout le jour, et quelle vue ! On dit que c'est une œuvre philanthropique que vous projetez et je veux m'y associer. A tout autre qu'à vous je refuserais un mètre de mon terrain, à vous, monsieur, je le donnerai presque. — Tenez, monsieur, j'avais peur de vous rencontrer. On m'avait dit que vous allez bâtir un grand couvent de moines. Et comme dans ma propriété il y eut un couvent, vous comprenez ? Assurément vous connaissez le Bouchet. Il y avait là jadis un Hospice des Templiers avec une chapelle dédiée à Notre-Dame. La léproserie a disparu, la chapelle est tombée, l'emplacement m'appartient, monsieur. O quel emplacement ! Ils s'y entendaient, les moines ! — Moi, monsieur, j'ai le Lazaret au sortir du village. Il est à vendre : vous pouvez l'acheter. »

Et chacun faisait des offres désintéressées. Le banquier laissait dire et mûrissait ses projets dans son esprit. Un concours inespéré de circonstances l'avait rendu propriétaire de la maison Olive et de ses dépendances. L'enclos était vaste, on pouvait espérer de l'arrondir : on espéra contre toute espérance, car le voisin était intraitable. « N'importe, dit M. Rolland, c'est là que nous bâtirons, malgré l'exiguïté des lieux. La terre nous manque : montons vers les cieux. »

L'architecte, M. Laborde, de Tarbes, est mandé : « Dressez un plan : je veux là un palais pour mes compatriotes délaissés. Faites grand, faites luxueux, surtout confortable. »

Le 24 juin 1882, fête de saint Jean-Baptiste, la préparation était achevée, les travaux pouvaient commencer

Des drapeaux, des guirlandes de fleurs et de verdure, des inscriptions, et l'argent qui pleuvait dans la main du pauvre, et les cœurs épanouis, et les chants de la foule enthousiaste, et les mains amies se tendant vers le célèbre banquier en signe d'allégresse, et la municipalité elle-même s'associant à la fête religieuse, tout cela marqua la bénédiction de la première pierre, le 24 juin 1882. Ce fut un triomphe pour M. Rolland, triomphe, hélas! bien éphémère, puisqu'il fut le signal de difficultés nouvelles.

Voulez-vous assouplir et préparer aux grandes causes une âme qui n'est point vulgaire, persécutez-la. Dans cette lutte à outrance, ses forces s'avivent, se décuplent, son énergie se concentre, et tandis que le sommeil peut-être commençait à la gagner, elle se relève bondissante sous l'injure et remporte toujours une victoire facile. Il en est ainsi d'une œuvre. Pour la faire réussir, entourez ses commencements d'obstacles imprévus; créez à merci des difficultés. A mesure qu'obstacles et difficultés montent, l'œuvre monte aussi et se rit de tous les efforts conjurés.

Les tracasseries persécutrices nécessaires de par Dieu à toute œuvre extraordinaire ne manquèrent pas à M. Rolland. Les jalousies mesquines, les vieilles rancunes usées rafraîchies, des commérages sans nom, voilà pour Guchen. Les plus indulgents accusèrent le banquier d'ostentation et il y en eut qui allèrent jusqu'à dire qu'il voulait faire une fin et rendre à Dieu ce qu'il avait pris au monde. Dans ce pays où les bureaux de bienfaisance jouent un grand rôle électoral, on craignit de voir la mendicité supprimée, faute de mendiants, et pour ne point porter atteinte à cette belle institution, on fit sonner bien haut le nom d'Hôpital. L'Hôpital ! à ce seul mot, les pauvres vieillards gâteux rentraient dans leur réduit infect et juraient leurs grands dieux qu'ils mourraient plutôt que d'accepter le pain de M. Rolland.

Nos populations laborieuses ont je ne sais quelle horreur de ces institutions charitables où toutes les misères humaines se rencontrent avec tous les dévouements. Pour le paysan, l'Hôpital, c'est la honte voulue, l'opprobre, la maladie ignominieuse, la mort plus ignominieuse encore avec le cabinet de dissection au bout. Parler d'Hôpital, c'est nommer tout cela et on ne s'en faisait pas faute à Guchen.

Ailleurs, ce fut bien autre chose. Une administration ombrageuse, un pouvoir hostile lui firent subir mille avanies. Il alla quand même, l'œil fixé sur Dieu d'abord, sur M. Latour ensuite.

Cependant les travaux, sous la conduite de M. Perrière, entrepreneur à Tarbes, étaient menés avec une activité fiévreuse.

De Madrid qu'il avait dû regagner, le fondateur de l'Asile suivait le détail des constructions, s'initiait aux termes d'architecture, dirigeait et corrigeait, au besoin, les travaux partiels auxquels on mettait la main.

Vint enfin le jour tant souhaité où M. Laborde put écrire : « Tout est fini et solidement fini. » Ce jour-là, on tressaillit de joie, rue Tetuan, et l'illustre banquier se demanda si les temps d'autrefois n'allaient pas revenir.

Le 27 août 1883, douze ans après la mort de M. Latour, quatorze mois après la pose de la première pierre, il y avait fête à Guchen. Oubliant pour un jour ses préven tions et ses menées sourdes, la population tout entière s'était rendue à l'Asile. Deux hommes seuls manquaient dont le vide se faisait cruellement sentir. L'un, M. Rolland, retenu par ses affaires au delà des Pyrénées ; l'autre, l'ancien curé de la paroisse que tout le monde chercha des yeux et du cœur au milieu du nombreux clergé accouru à cette pieuse cérémonie.

Ici, je transcris une lettre qui nous dira mieux que je ne saurais le faire les émotions de la journée :

« Où étiez-vous hier, que vous n'ayez point paru ? On a tout le matin cherché à l'horizon, rien. Et pourtant, Dieu sait si nous vous avons souhaité ici. On érigeait canoniquement la chapelle de l'Asile. Pour rendre la fête complète, il ne manquait qu'une voix, une seule que rien ne saura jamais remplacer. Elle absente, tout était maigre et triste. . . . .

« M. l'abbé Gertoux, notre nouveau curé, a béni la chapelle. Et l'éloquence ? L'éloquence n'a point manqué, je vous assure. Vous connaissez M. le chanoine de Beuque.

Il a parlé, mais parlé..... Sa voix doucement mélancolique a eu des accents émus pour redire les vertus de l'ancien curé de Guchen qui le baptisa... peut-être. Le miracle de Guchen, a-t-il dit en substance. le voilà. La charité parle, la reconnaissance parle, des murs s'élèvent, et nous sommes ici, mes Frères, pour chanter deux noms et donner à Dieu une maison qu'on veut sienne. Oui, sienne, malgré les hommes qui protestent, malgré les gouvernements qui ricanent...

« Vous voyez de là ce qu'a été un discours où ces idées et bien d'autres ont été développées. Je mentirais si je disais que tout le monde a été content. Oh ! non, il y avait bien des mécontents. Qui ? vous voudriez savoir qui ? Sachez seulement que l'homme propose, mais que *toujours* la femme dispose... »

Fort heureusement, Dieu dispose de l'homme et de la femme, et il saura, quand l'heure sera venue, guérir les amours-propres froissés et faire tomber les petites rivalités féminines. Pour le moment, la jalousie l'emporte sur la raison, l'ironie rageuse sur le sentiment.

Pendant que Dieu gagne les cœurs, on travaille encore à l'Asile. Le jour approche où on pourra l'ouvrir aux malheureux et M. Rolland le veut digne de leurs infortunes.

Avant de raconter leur entrée, peut-être serait-il bon de pénétrer nous-même quelques instants dans l'édifice pour le visiter et l'étudier par le détail. Un admirateur de M. Rolland et de ses œuvres sera notre cicerone. Il y a quelques jours, je le priai de m'écrire quelques lignes sur l'Asile d'avant et d'après l'ouverture. Voici la réponse un peu humouristique que j'en reçus.

CHAPITRE XII

AVANT ET APRÈS

AVANT ET APRÈS

J'arrive, cher ami, mais hargneux, savez-vous. Du haut de votre gentilhommière, vous nous prenez en pitié, nous autres, pauvres petits humains, jusqu'au jour..... Alors c'est autre chose. « Mon bon et succulent ami..... » — Halte-là, vos cajoleries ne me touchent point. Vous me donnez, cette fois pourtant, de si bonnes raisons que je suis bien tenté..... Hé bien, soit, venez donc, mais vite. Prenons le petit chemin de l'usine municipale. Voici le terrain que notre digne maire, un bon, allez, a concédé spontanément pour l'entrée de l'Asile. La grille... passons. Tout là-bas, un palais, dites-vous. — C'est l'Hospice saint Jean-Baptiste. — Mais le parc ? — Le parc ?

demandez à Mme D... « Le pré est à moi et je le garderai. » — Et la charité ? — Je ne connais pas cette dame-là. — Mais l'argent ? — Fi de l'argent. Et on est à attendre que l'amour de l'or triomphe de certaines passions locales. Cela viendra.

Ne riez pas à la vue de ce sentier qui se replie tortueusement. Outre qu'il n'a rien de disgracieux, au contraire, sachez que c'est le chemin suivi par M. Latour pour se rendre à la *salle de Pilate* que vous voyez au fond. Ce petit monument ? Un caveau où reposeront un jour les cendres de M. Rolland et qui sait ? peut-être aussi celles de M. Latour. Cela vous émeut, mon cher ami ? Et moi donc ! Mais vous pleurez. Ah ! je comprends. Ce marbre, n'est-ce pas ? C'est un beau livre toujours ouvert que ce marbre placé sur la porte d'entrée. L'abrégé éloquent de tout ce qui peut être dit ou écrit, le voilà.

A JEAN-BAPTISTE LATOUR

PROTONOTAIRE APOSTOLIQUE

ROLLAND RECONNAISSANT

La Reconnaissance est bien belle, quand
on voit tant d'ingrats. Faire du bien ? Et à
qui, s'il vous plaît ? Vous rappelez-vous ce
joli mot qui nous faisait tant rire ? « Après
les gens qui n'ont pas le sou, les gens
les plus embarrassés sont ceux qui ont
de l'argent. » Vous disiez : « Et les pauvres ? N'y a-t-il donc plus de pauvres !
Puisque le plaisir est le chemin de traverse
dans la vie, pourquoi ne pas se donner le
plaisir très délicat de vivre riche et de
mourir pauvre pour l'amour des pauvres? »
M. Rolland l'a fait. Que cueille-t-il ? Votre
affection, la mienne, et après ?

Regardez la façade et ses larges fenêtres.
Sur le péristyle, la chapelle. Monterons-
nous ? Oui, car elle est ogivale et je sais
que l'ogive fait palpiter votre cœur. Est-ce
parce que Fénelon ne l'aimait point et que
Victor Hugo l'a réhabilitée ?

— Le vestibule et le grand escalier...
Qu'en dites-vous, de l'escalier? A-t-on pensé
à tout et n'est-ce pas le cœur qui a tout
dicté? Rampe douce, marches larges... Je
vous entends. Ce prêtre ? C'est lui, le *seul*
fondateur de cet Asile, M. Latour. Considé-

rez sa figure amène. Vous la rencontrerez dans toutes les salles et on prétend... Mais chut, trop parler nuit. — Un peu petite, la chapelle, mais si jolie dans sa sveltesse. Nervures fines, voûte élancée. L'architecte n'a oublié qu'un point, et si petit! Pas même une sacristie minuscule. On songe à réparer ce malheur. Mais quel autel! Vous aimez les marbres. En voici de toutes les couleurs. Le baldaquin est du St-Béat. Puis voici du Campan, du Baudéan, du Sarrancolin, une vraie mosaïque, d'un goût achevé. Sur les murs encore blancs, vous verrez bientôt des tableaux de grands maîtres.

Il fait froid. L'hiver est si rigoureux à Guchen! De novembre à mars, peu ou point de soleil. Et les ombres grandes et noires de l'Arbizon! Le frisson vous prend et vous recroqueville au coin de votre poêle. Heureux qui peut de temps en temps se donner une ensoleillée! On le pourra à l'Asile. Par la gorge d'Aulon, descendent vers l'Hospice, comme par une fissure, quelques échappées d'un soleil bien jalousé. Voilà pourquoi ces galeries. — Allons aux galeries. La vue d'ici est belle. Par delà le village, d'autres villages qui s'échelonnent, Guchan, Bazus, Azet, Estensan, et plus haut, bien loin, encadrant le paysage, la chaîne blanche des Pyrénées. A gauche, Grézian. Vous l'aperceviez jadis du presbytère aujourd'hui désolé. Vous rappelez-vous nos agréables causeries, au milieu de ce petit bouquet d'arbres, le long de la Neste aux flots rapides guipurés d'argent ? Adieu, beaux rêves de jadis, la réalité cruelle nous tenaille et nous fait crier merci. Et pourtant, malgré ce positivisme abject qui nous submerge, quelle poésie suave dans ces vertes prairies qui longent les deux rives, dans ce bruit cadencé des flots qui suivent les flots et tous viennent se briser contre un mur de granit ! Ah ! mon cher ami, cette vie d'antan, je la revois de ces galeries. On a voulu donner un peu de soleil aux vieillards qui doivent ici mourir et on leur a mis sous les yeux le plus beau des spectacles. Merci, cher M. Rolland, merci. Souvent, nous viendrons remercier le Dieu créateur de la belle nature de vous avoir fait naître parmi nous.

Vous ferez ce pèlerinage, ami. Nous visiterons alors les salles bien froides encore avec leur nudité, et cette absence de mouvement humain qui glace le cœur et l'imagination.

Dans ce corps inerte, l'âme va bientôt entrer : tant mieux, car l'âme c'est la vie, la vie c'est la chaleur, la chaleur c'est le cœur activé, et le cœur qui brûle c'est la charité chrétienne avec ses héroïsmes. A bientôt, mes sœurs, nous vous attendons à Guchen; au revoir, mes chers vieux, entre vos draps blancs ou sur la galerie.

Le lyrisme me gagne, cher ami, et je suis sur le point de chanter. Vous connaissez ma voix de stridente crécelle. Grâce donc pour cette fois. Et à demain, si vous voulez.

5 juin. — Rien qu'une nuit, et voilà quatre ans passés. Plus d'hiver, plus de frimas, du soleil, des oiseaux partout. La nature est fraîche comme les cœurs. Moi-même je me sens une poussée de tendresse : donc je vous tutoie.

Si tu aimes Guchen, c'est le temps de le voir. Un bourdonnement d'oiseaux, d'enfants, une joie printannière, une surabondance de vie. L'Asile ? La ruche est pleine, mon cher ami, et bien pleine. Voici les vieux ; plus loin, les tout petits. Devant, derrière, sur les côtés, des fleurs. Et les fontaines jaillissantes qui ne se taisent ni le jour, ni la nuit ! On a de la fraîcheur tant qu'on en veut. Les pauvres petits vieux, le dos courbé, appuyés sur leur solide bâton de houx, s'avancent en tremblottant vers la grande statue de N.-D. de Lourdes, placée l'an dernier. Bon, les voilà qui s'asseyent. Connais-tu la gaîté ? Jadis oui : le bon rieur, c'était toi. Mais coudoyer l'opulence, dit-on, c'est coudoyer la tristesse. Hé bien, la gaîté est ici. Tout à l'heure, un octogénaire proposait un menuet à une vieillotte ridée. Elle allait accepter, quand la robe bleue de Mère du Sacré-Cœur est apparue. La gaîté est rentrée. « A ce soir, ma toute belle. » Et l'on s'en va, boitillant et s'efforçant de paraître ingambe et jeune. « Bon appétit, mon vieux. — Tout de même, ma bonne. »

J'ai les entrées libres et j'en profite. Après un petit *Benedicite*, on prend place

Ah ! la bonne odeur de soupe aux choux qui ne sent pas le carême ! Deux ou trois petits fripons d'enfants sont aux deux bouts qui se regardent d'un œil de convoitise. Une, deux, et l'on mange, et l'on boit, et l'on voudrait rire. Mais la sœur, qu'on appelle *bonne* sœur pourtant, est là, sérieuse. Donc, le silence. Après le dîner, on sort. Montons, si tu veux, et visitons les salles. A gauche, les hommes, les femmes à droite. Admire ces vastes salles si propres, si bien aérées, si gaies.

Un vieillard est là, dans son lit, attendant la fin. **A** ses côtés, à genoux, une pauvre petite sœur bleue qui le sert, le sourire aux lèvres. Rien ne la rebute, elle est tout entière à son œuvre sublime. Rougissante, elle se lève et balbutie quelques mots. Notre étonnement l'étonne, tant elle trouve naturel son dévouement. Ah ! chère sœur, comme vous étiez belle courbée sur ce malheureux et quelle couronne Dieu réserve à votre front rayonnant !

Ce spectacle est un de ceux qui m'émeuvent toujours. J'allais m'attendrir quand voici l'aumônier. C'est un savant doublé d'un artiste. Son cœur est une harpe mélodieuse qui vibre sans cesse. Il s'offre à nous accompagner dans la maison ; nous acceptons volontiers. Chemin faisant il nous conte, c'est un fin causeur, mille petits traits charmants de ses *enfants* des deux âges. Quant à lui, il s'efface. Il faut bien pourtant qu'il nous avoue le petit ouvrage qu'il prépare sur les sanctuaires pyrénéens. « Pourquoi ne dressez-vous pas le catalogue des tableaux qui ornent l'immense salle supérieure ? Les touristes vous en sauraient gré. — Cela se fera peut-être. — Ce jour-là, cher ami, nous passerons des heures bien agréables, car on prétend qu'il y a des chefs-d'œuvre. »

Il est bien temps de sortir, n'est-ce pas, et de me taire ?

CHAPITRE XIII

AVEC LUI

CHAPITRE XIII

AVEC LUI

On l'a vu plus haut, le 25 mars 1835,
M. Rolland quittait Guchen, bien modeste-
ment. Cinquante ans après, le 25 mars
1885, le charitable fondateur de l'Asile
faisait inaugurer son œuvre en ouvrant les
portes de l'Etablissement à l'aumônier, aux
religieuses et à huit pensionnaires. Ce fut
de belles *noces d'or* pour son âme chrétienne que cette fête à laquelle il ne convia
que les pauvres, ces amis du Sauveur Jésus.
Les pauvres, qui le croirait? faillirent lui
manquer. Répandre son or dans la main des
besogneux, c'est bien ; mais courir après
eux, les pousser à entrer chez vous et à
accepter l'hospitalité, c'est mieux encore.
M. Rolland le fit. Fiers dans leur misère,

les Guchennois refusaient le pain de la charité. Il fallut donc mendier des pauvres, non-seulement à Guchen, mais dans les environs. A force de recherches, on en trouva qui consentirent à se laisser donner les soins les plus délicats par les meilleures des mères.

Un célèbre écrivain qui prétend chercher la foi sans la rencontrer, M. Maxime du Camp, a dit : « Il n'y a pas au monde un instrument plus parfait que la main d'une femme adroite. Ces longs doigts assouplis par l'élégance même du travail choisi qui combat l'oisiveté ont de merveilleuses délicatesses pour toucher les plaies sans les aviver, pour les laver, pour y étendre la charpie, pour les entourer de bandelettes et pour caresser la joue du malade quand le pansement est terminé. La besogne est quelquefois horrible : on ne s'en douterait pas à voir celles qui l'accomplissent. »

Il est vrai que la femme est naturellement tendre, compatissante : mais le seul besoin de se dévouer expliquera-t-il tout ce que nous voyons ? Très souvent frêles, presque exsangues, avec une nervosité qu'elles seules connaissent, elles épongent des cancers putrides, soignent toutes les infirmités que la vieillesse amène avec elle. Cette vue fait pâlir plus d'un homme. Ces femmes, jeunes pour la plupart, ont-elles, sans effort, triomphé de la nature ? Non, la foi seule a fait ce miracle. Sans la foi, vous n'avez que de misérables infirmières laïques universellement détestées et dont ne voulait point M. Rolland.

« Je veux, écrivait-il, des religieuses, c'est-à-dire des anges et non des femmes pour soigner mes pauvres. Mgr l'évêque de Tarbes m'a promis de m'aider dans mon choix : cela me fait espérer. »

Aucune œuvre de charité n'échappe à la bienveillante sollicitude de Mgr Billère. A peine vit-il poindre à l'horizon de son épiscopat cette institution représentée déjà par les mécréants comme une œuvre purement philanthropique, qu'il se hâta de lui donner son précieux concours.

A l'extrémité de son diocèse, sous le regard maternel de Notre-Dame de Lourdes, une maison religieuse a été fondée par un saint prêtre, le R. P. Peydessus. Non content de relever les ruines du sanctuaire de Garaison et de faire refleurir à son ombre les vertus des anciens missionnaires, cet homme de bien avait senti le besoin de donner des auxiliaires à son œuvre déjà grandie : de là, les religieuses *du Cœur souffrant et Immaculé de Marie.*

Elles arrivaient bien à leur heure, car, à l'autre extrémité du diocèse de Tarbes, un pauvre petit homme ignorant, mais dévoré de charité, venait, sans autres ressources que sa foi ardente, de bâtir l'hospice de Galan. Qui n'a rencontré au moins une fois, la besace sur l'épaule, le bon Frère Jean allant mendier pour ses vieillards ? A ces vieillards il fallait des soins : on leur donna les *Sœurs bleues* de Lourdes.

Ces mêmes religieuses furent offertes par Mgr Billère au fondateur de l'Asile Saint-Jean-Baptiste de Guchen. Il les accepta avec reconnaissance. Initiées à la charité au pied même du Rocher de Massabielle, dans ces piscines où les plaies les plus répugnantes donnent rendez-vous aux soins les plus délicats, ces saintes Filles reçurent avec bonheur l'offre qui leur était faite de devenir les servantes des pauvres et des malades.

Restait à obtenir un prêtre aux entrailles de père qui voulut sacrifier toutes ses saintes ambitions pour devenir l'ange consolateur de ces malheureux déshérités. Ce fut M. l'abbé Soulé que Dieu envoya comme providentiellement pour cette mission délicate, l'inauguration d'un hospice.

Et maintenant l'œuvre était fondée et M. Rolland avait bien le droit d'écrire avec cet accent d'enthousiasme :

« Les voilà donc enfin réalisés, mes rêves ! Un aumônier, des sœurs, des malades, par conséquent des prières, beaucoup de prières pour le bon M. Latour. Comme me voici bien dédommagé de toutes les tracasseries ridicules d'hier et de demain ! Tout est-ce fini ? Oh ! non. Pour m'occuper plus efficacement de mon Œuvre, j'abandonne les affaires. Mon fils Benoît prendra la banque, je garderai l'Asile que je n'ai pas encore vu, que je veux voir. Quand ? Bientôt, j'espère. J'ai un règlement en préparation, j'étudie les moyens de consolider et d'agrandir la Fondation. Ce n'est pas huit vieillards, mais trente, mais quarante que je voudrais dans mon Asile, avec autant d'orphelins. »

Au risque de laisser bien des lacunes dans mon petit travail, je ne dirai point comment M. Rolland, père de six enfants, a pu, sans léser leurs droits, accumuler une somme suffisante pour fonder un établissement tel qu'il le rêve. Il y a des délicatesses qui s'imposent, et, ni le père ni les enfants ne me pardonneraient des révélations toutes à leur louange. On a lu plus haut le mot de sacrifice, c'est assez. « En fait d'économies, a dit un écrivain, je n'aime que les privations. »

Cependant, les préventions tombaient à Guchen ; on commençait à pardonner à M. Rolland de vouloir faire du bien à ses compatriotes, et on l'attendait pour lui faire un triomphe.

Le 25 septembre 1886, il m'écrivait de Tarbes :

« Demain, je pars pour Guchen visiter

mon Asile. Faites-moi le plaisir de m'accompagner. »

Nous partîmes à huit heures et à midi
nous étions en vue d'Ancizan. Pour un
triomphateur, M. Rolland allait bien modes-
tement. En chemin, il m'exposa avec beaucoup de chaleur ses plans, ses moyens
d'action, ses difficultés. Il me fit voir son
règlement péniblement élaboré, m'en montra
l'application, m'ouvrit son âme, et quelle
âme ! puis fouillant dans ses papiers : « Ma
pièce à conviction, me dit-il, la voilà. »
C'était un bref très élogieux de M. Latour
que le Père commun des fidèles venait de
lui concéder. « Demain, ajouta-t-il, avec
feu, cette page glorieuse sera lue du haut
de la chaire de Guchen: on saura partout
que le bon M. Latour fut « *le plus pieux, le
plus dévoué, le meilleur des prêtres* ».

Nous arrivions à Guchen où il n'était pas
attendu, pour ce jour-là. Dès qu'il aperçut
l'Asile, se découvrant avec respect, il me
dit : « Rendons grâces à Dieu, c'est lui qui
a tout fait. » Il pleurait. « Quand les larmes
coulent sur les rides de l'âge, a dit Madame

Swetchine. la sympathie n'est plus là pour les essuyer, ni l'affection ardente pour sécher ces dernières rosées de l'automne (1). » Et pourtant ces belles larmes de vieillard, je les essuyais avec respect, et il me semblait que les anges du ciel venaient les cueillir une à une pour les porter au trône de Dieu.

A notre entrée dans l'Asile, son cœur se serra. « Voyez-vous, me dit-il en me montrant le caveau vide, c'est là que je descendrai bientôt. L'oubli viendra dessus et puis on ne parlera plus de moi. Mais Lui, c'est autre chose. Oh ! que cette pensée me fait du bien ! »

Aussitôt dans l'Asile, il s'occupa de ses vieillards.

« Peut-être, a dit un écrivain, faut-il avoir pâti pour posséder la science de la charité, pour connaître les secrets à l'aide desquels on apaise la souffrance physique qui est la faim et la souffrance morale qui est le trouble de la conscience. »

____

(1) *Œuvres et Méditations,* tome II, p. 48.

En effet, ne semble-t-il pas qu'on s'humanise davantage, qu'une sympathie plus secrète nous attache à ceux dont aucune douleur, aucun martyre ne nous est étranger ? M. Rolland avait souffert, on l'a vu. Enfant, il avait lutté contre les âpretés de l'existence ; plus tard, contre les injustices des hommes. Aussi, dès le premier soir, devint-il l'ami de tous ces pauvres vieillards dont il se fit conter la vie. Avec une bonté touchante, il allait à eux, leur tendait sa main jamais vide, les consolait, leur parlait de Dieu, des espérances chrétiennes, des religieuses qu'il leur montrait comme des sœurs aimables et mieux comme des mères, de M. l'aumônier, « *l'ange visible de la maison* ». Il n'oubliait pas aussi que la liberté du vieillard

Lui permet la franchise, attribut des vieux ans,

et que cette franchise peut souvent s'élever jusqu'à la hardiesse.

Vieillir, c'est atteindre le dôme imposant de la vie humaine. « Dieu fait du vieillard le sanctuaire de toutes les sagesses, de toutes les justices. le tabernacle des plus pures vérités. » L'expérience a tout appris au vieillard ; de là, cette puissance de volonté, ces entraînements de parole quand tout n'obéit pas à ce qu'il sait être le vrai. On qualifie quelquefois d'affaissement cet état de vue claire, d'intuition de l'avenir. C'est que le monde ne sait plus aimer les vieillards. On n'a plus pour eux ce respect mêlé de crainte et d'admiration que l'antiquité païenne elle-même nourrissait pour les cheveux blancs. Maintenant, vieillir c'est *décliner*. Il est vrai que le corps s'affaisse, que les rides se croisent, que tout se penche vers la tombe ; mais l'âme ! L'âme se retrempe, s'élève, monte à mesure que le corps s'abaisse, pour finalement atteindre Dieu quand la chair inanimée entre en dissolution dans la terre.

Le culte de la vieillesse, M. Rolland l'avait toujours eu, on le sait ; pour lui, la suprême raison de tout, c'était une parole de vieillard. Et maintenant !!! Il avait blanchi et ses conceptions hardies étaient traitées de chimères, sa sincérité, de rudesse. Un dernier assaut, lui présent, était donné à son œuvre; la calomnie adroite et subtile se déchaînait.

Que fit-il ? il laissa dire encore, fit venir son architecte et combina avec lui de nouveaux plans d'amélioration. Fort du côté de Dieu, fort des encouragements de Mgr l'Evêque et de l'appui efficace de ses enfants, il laissa passer l'orage et, le 3 octobre, il quittait Guchen, endurci contre toutes les épreuves, le cœur plein d'espérance.

« La Reconnaissance, écrivait-il quelques jours après, je la croyais humaine : je me suis trompé, elle est divine. Dieu seul..., mais Lui toujours. »

CHAPITRE XIV

AUTOUR DES CENDRES DE M. LATOUR

AUTOUR DES CENDRES DE M. LATOUR

« L'humiliation subie par le chrétien ajoute plus à sa confiance que le succès qui l'exalte. » M. Rolland l'éprouva. A peine avait-il quitté Guchen qu'il fut en butte à de nouvelles vexations. Méconnu chez lui presque par les siens, malmené par un pouvoir jaloux qui lui faisait payer très cher e droit de faire le bien, l'ex-banquier eut à subir, à Laloubère, une autre sorte d'humiliation, la plus cruelle de toutes.

Cette religieuse paroisse avait accepté avec reconnaissance l'honneur de garder les cendres de son ancien curé. Autour du mausolée construit par M. Rolland, on aimait à venir souvent porter des prières de reconnaissance pour le plus généreux et le

plus dévoué des prêtres. S'il y eut tombe
bien gardée, ce fut, on peut le dire, celle
de M. Latour. Hélas ! vous pouvez tuer
l'homme, mais non l'égoïsme.

Le 18 avril 1886, mourait, à Tarbes, le
frère de l'ancien curé de Guchen, M. l'abbé
Bernard Latour. Jamais mort plus modeste
que celle de ce prêtre vénérable qui fut
longtemps aumônier au lycée, jamais funérailles plus éclatantes.

M. Benoît est appelé : il quitte ses affaires, il accourt.

« Quelles funérailles ferons-nous à M. le
chanoine ?

— Les plus riches. » Rien ne manqua à
la fête funèbre, pas même les larmes du
pauvre. Ce fut un triomphe. Et on ne savait
pas, et on ne sait pas encore peut-être qu'il
ne dépendit que de ce prêtre d'avoir des
honneurs insignes. On m'a demandé de faire
le silence autour de cette tombe à peine
refroidie : il me pèse comme un remords.

Qui, à Laloubère, a pu oublier ce vieillard
maigre et sec, voûté, qui venait souvent,
les jambes branlantes, s'agenouiller dans le
champ des morts? On le connaissait dans le

village, et les enfants allaient volontiers à
lui. Un jour, on apprit qu'il n'était plus, et
la municipalité fut heureuse d'offrir l'hospitalité de son cimetière à un prêtre qui
n'était pas un étranger pour la paroisse.
« Il reposera, dit-on, à côté de son frère,
notre ancien curé. »

Mais voilà qu'à peine l'Eglise venait de
dire ses dernières prières sur la tombe
refermée, quand un vent de haine s'éleva
dans le village.

Une coterie se forme qui, au nom des
pauvres, demande à la municipalité l'indem-
nité d'une concession gratuitement offerte.
Les pauvres, c'était le prétexte; le motif
vrai, c'était la popularité à conquérir. A
cette nouvelle, M. Rolland s'émeut. Il vole
à Laloubère. Tout ce qu'il y a d'honnête, et
c'est le grand nombre, s'indigne et vient
déposer ses regrets et ses protestations aux
pieds de l'ex-banquier. Regrets inutiles, des
ordres sont donnés, l'exhumation se fera,
le caveau de l'Asile s'apprête à recevoir ses
morts.

Ce fut alors que M⁰ʳ l'Evêque, le père de
tous, fit entendre des paroles de concilia-

tion. Un prêtre déjà nommé dans ces pages, ami et confident de M. Latour, le curé de Ste-Marie, écrit à M. Rolland lettres sur lettres pour le supplier de ne donner point suite à ses desseins. On finit par triompher, mais la blessure devait rester profonde au cœur de l'illustre Guchennois. La jeunesse de Laloubère, bonne, généreuse, demanda de faire une réparation éclatante : elle l'obtint.

Le 18 avril 1887, tout Laloubère était venu au pieux rendez-vous. Dès sept heures, l'église, vaste pourtant, était remplie. Tous, sans distinction de parti, avaient voulu montrer à M. Rolland qu'on ne se repent point d'avoir donné un asile gratuit aux chers défunts et qu'on n'est pas indigne de garder leur tombe. La municipalité avait pris place dans le chœur. « M. Rolland, empêché à la dernière heure, était représenté par Mˡˡᵉ Marie-Eulalie Rolland, sa fille, et par M. Semmartin, de Tarbes. Mais on le sentait là, présent lui-même par toute la puissance de ses affections, dans l'enceinte sacrée dont tout redit le nom glorieux. Tout jusqu'aux cloches parlantes, jusqu'à ce riche calice du XIIIe siècle dont les bas-reliefs et les fines ciselures font l'admiration de l'artiste moderne impuissant à rien faire d'aussi achevé (1). »

Après l'absoute, M. le curé de Ste-Marie prit la parole. Quels accents et quel écho ! En quelques mots où vibrait toute son âme, il fit revivre l'ancien curé de la paroisse ; dans un tableau émouvant, il montra ce prêtre grand par ses vertus, grand surtout par sa modestie profonde, venant demander à chacun de ses enfants de ne point oublier ses conseils paternels. On pleurait et l'orateur lui-même n'essaya point de contenir ses larmes quand il évoqua le souvenir du grand cœur qui battait là-bas, par delà les Pyrénées, attentif à tout ce qui se faisait en ce jour, à Laloubère. « Merci de cette journée, dit-il, et qu'elle soit le prélude de beaucoup d'autres, à l'avenir. » Il se tut, mais on promit, en se séparant, de se retrouver aux pieds des saints autels, le 27 août, pour y célébrer le seizième anniversaire de la mort de M. Latour.

(1) *Ere nouvelle* de Tarbes (23 avril 1887).

Le récit de cette fête toucha M. Rolland. Il écrivait, six jours après :

« Tout cela est bien, très bien même, je m'y attendais. Mais au milieu des larmes de joie que je répands à cette heure, il me reste, malgré moi, une pensée de tristesse. Et l'avenir ? Tant que je serai là, les cendres de mon vénérable ami auront le respect qu'elles méritent. Mais moi disparu ? Je suis à un âge où les projets d'avenir sont des folies. La vie m'échappe peu à peu, ma dernière maladie a brisé ma constitution de fer : c'est une affaire de temps, mais je sens que la mort ne se fera pas attendre. Et alors ? Je suis sûr du cœur de mes enfants : mes sentiments sont les leurs. Je prévois pourtant des difficultés : je m'efforcerai de les résoudre. Ces petites agressions mesquines, au lieu de m'abattre, n'ont fait que grandir mon courage et multiplier mes forces. J'irai jusqu'au bout, et, avec l'aide de Dieu, le triomphe définitif sera à qui aura combattu pour sa gloire. Je puis m'être trompé dans les moyens, mais la fin, elle a toujours été la même, noble et digne. Dieu le sait et il s'en souviendra. Dites à mes amis de Laloubère que je les remercie sincèrement de ce qu'ils ont fait et de ce qu'ils veulent faire. Mais tout pour M. Latour, rien pour moi. »

Le 27 août, en effet, il y eut fête encore à Laloubère. A peu près toutes les familles étaient représentées. Madame la marquise douairière de Palaminy, son fils et sa belle-fille avaient tenu à prouver, par leur présence, en quelle estime ils eurent toujours l'ancien pasteur et son ami.

On attendait M. Rolland. C'était son vœu, mais la fatigue l'empêcha de le réaliser. Du moins, ne demeura-t-il pas étranger au douloureux anniversaire. Tandis qu'une messe de *Requiem* en faux-bourdon se chantait à Laloubère, dans la petite chapelle de l'Asile St-Jean-Baptiste se déroulait un autre spectacle. Autour du doyen d'Arreau, dix prêtres et l'élite de la population s'étaient groupés pour affirmer leur dévouement à l'*Œuvre* et entendre le panégyrique de l'ancien curé. L'auguste *Fondateur*, assis dans un coin, écoutait. Quand tout fut achevé, il s'avança vers le clergé et prenant avec transport la main du bon doyen : « Merci, merci, » et il éclata en sanglots.

C'était le grand triomphe après la grande lutte, triomphe suprême où tous les cœurs s'étaient rencontrés pour la justice et la vérité. A dater de ce jour, plus d'obstacles; l'Œuvre se développe aimée enfin par les Guchennois qui comprennent ce qu'elle est pour eux, encouragée par le premier pasteur du diocèse et par son clergé qui ont tout intérêt à la voir s'étendre. Elle s'étendra sûrement le jour où le gouvernement tracassier cessera de tourmenter les consciences et de faire peser son lourd impôt sur la charité. En attendant, les fêtes se multiplient à Guchen et les vieillards qui, hier encore, dans leur chaumière glaciale, appelaient la mort à leur secours, réchauffés dans cette atmosphère de charité, consolés par les bonnes sœurs et par le bon Père, commencent à espérer. La vie remonte dans leur corps amaigri, la gaîté renaît et avec elle la *Reconnaissance*.

Ai-je tout dit ? Non. Il y a des vertus cachées que j'ai laissées dans l'ombre, il y a des dévouements dont la révélation m'est interdite. Et la famille Rolland ? J'ai laissé ces enfants à leur sortie de Laloubère. Se sont-il montrés dignes de leur précepteur ? Un trait seulement nous le dira.

A la mort de M. Latour, dans la chambre mortuaire et dans les pièces voisines, on remarqua un jeune homme aux traits accentués, à l'œil humide de larmes. Il allait furetant tout avec anxiété. Soudain, un mot. Son front s'était déridé, un sourire avait effleuré ses lèvres. « *Le tengo.* » Je le tiens. Et que tenait-il ? Un fouet.

Le jeune homme, c'était Benoît Rolland ; le fouet, celui-là même qui plus d'une fois cingla ses jambes d'enfant. Le futur banquier, le futur *marquis de Rolland* (il est cela et bien d'autres choses encore) était heureux d'avoir retrouvé cette précieuse relique de son maître vénéré.

Ce mot fait deviner sa vie. C'est la vie de son frère, la vie de tous. Intelligence servie par un cœur, telle pourrait être leur définition ; travail, amour, leur devise.

Madame Rolland n'est pas, elle non plus, demeurée étrangère à l'Asile. En octobre 1886, on la vit à Guchen, de ses mains délicates, soigner les malades et ne point reculer devant les contacts les plus rebutants. Sa modestie me pardonnera de dire ici ce qu'elle avait cru un secret entre elle, Dieu et ses pauvres. Les pauvres ont un cœur et de ce cœur débordant ont coulé des paroles de reconnaisssance.

CHAPITRE XV

AU BORD DE LA MER

CHAPITRE XV

AU BORD DE LA MER

En septembre 1887, j'étais allé à St-Jean-
de-Luz voir la mer et faire une visite. Sur
la plage, j'eus le bonheur de rencontrer
une femme d'esprit et de cœur, native de
Baudéan, petite-nièce du « *Héros immortel*
dont on a pu dire qu'il avait bien mérité
de l'armée, de la science, de la patrie, de
l'humanité (1). » On causa du pays, de la
mer, de nos belles montagnes d'Aure et de
Campan, de M. Rolland surtout, dont
Mme S... accompagnait la fille. La conclu-
sion de mon travail, oh ! comme je l'aurais,
me disais-je, dans cette conversation charmante, si je trouvais une plume assez

(1) *Notre-Dame de Médous*, par M. l'abbé Théas, vicaire-
général de Tarbes (p. 27, baron Larrey).

légère, assez délicate, assez spirituelle pour
en rendre les nuances et les contours !
« Vos doigts de fée, madame, en sont seuls
capables, » écrivais-je. Et cette page tant
souhaitée, elle est venue au moment où on
n'osait plus l'attendre. La voici :

« Cette matinée joyeuse toute faite de
gaîté, de rires frais et épanouis, il faudrait,
pour la peindre, le crayon pittoresque du
jeune immortel dont vous me parliez (1).
Nous allions sur la grève, vous, M. S... et moi,
suivant des yeux les vagues qui montaient,
montaient, blanches, écumantes, enragées,
pour venir se heurter à des roches invisi-
bles qui les brisaient ; brisées, elles s'avan-
çaient vers la plage pour s'en revenir et
retourner encore à l'assaut, toujours plus
grondantes, montant toujours et laissant
sur la grève fine leur tapis de mousse
neigeuse mêlée d'algues marines. Vous
étiez heureux et j'admirais vos exclamations
naïves. Au loin, sur de frêles barques aux
voiles étendues, on voyait des pêcheurs,

(1) Allusion à F. Coppée qui est venu écrire son drame de
Severo Torelli à Guéthary.

gagnant le port à force de rames, et vous trembliez quand, derrière une montagne de vagues, disparaissait la petite embarcation.

« Tout à coup, parmi des baigneurs aux maillots bariolés, apparaît Mlle Maria dans son joli costume bleu satiné. Elle s'avance frôlant à peine de ses pieds le sable humide, s'élance...

« D'instinct, vous allez aussi au-devant de la lame qui se contente de caresser vos pieds. Puis, vous regardez. Je n'oublierai jamais ce halètement et ces yeux émus. Vous respiriez à peine quand la timide enfant présentait le flanc aux vagues et les coupait pour aller plus rapide encore à travers l'onde amère. Quand elle revint, donnant le bras à ma fille : « J'écrirai à son père, dites-vous; comme il sera heureux ! »

« A ce mot, nos cœurs se dilatèrent. Il n'y avait pas quatre jours, vous aviez vu M. Rolland à Guchen, brûlé par le soleil, travaillant et partageant le pain de la charité avec ses trente pauvres. La veille, nous avions visité à Irun la mère aimante de Maria qui nous avait parlé avec enthousiasme de l'Œuvre de Guchen : « O Reconnaissance, que tu es belle ! » m'écriai-je.

« Et alors, parmi les rires joyeux, le long de la grève, en respirant à pleins poumons l'air chargé de salure bienfaisante, nous nous mîmes à effleurer maints sujets, philosophiquement. Quelle joûte agréable, quelle cascade de pensées, quel pétillement d'esprit ! C'était quelque chose de mousseux, de fin, de ténu, de délicieusement sentencieux, d'amer aussi, hélas ! Le côté laid de notre triste nature nous apparaissait et nous ne cessions de lui opposer les vertus aimables de notre cher M. Rolland. Des noms de parvenus nous montèrent aux lèvres. Oh ! le parvenu, ce n'était pas lui. Il n'y avait rien dans sa vie de ces aplatissements ridicules et de ces relèvements soudains, rien de ces violences que nous trouvons ailleurs. Ce n'était pas l'homme puissant, triomphant, enchanté, encensé, obèse, qui étale partout sa chair et son argent et distribue dédaigneusement à ses adorateurs les rognures de ses tripotages. Son or, il l'avait amassé lentement, péniblement, à force de labeurs et d'insomnies. On ne le voyait point, lui, le fils du vieux gardien de moutons, maquignonner des affaires pour se donner le plaisir honteux de regarder de haut et d'acquérir des honneurs illégitimes. Pas de rôle à jouer dans la comédie humaine : il avait cherché l'oubli pour exercer plus à son gré la belle vertu de Reconnaissance.

« Et rare, » dit M. S...

« Comme l'amitié, » avez-vous ajouté.

Moi. — « Mais forte comme l'amour. »

Vous. — L'amour ? mais c'est le principe de toutes nos actions, a dit saint Thomas.

Monsieur. — « Et le résumé de l'homme, » a dit Gratry. « C'est l'homme tout entier recueilli sur un seul point. Tous les rayons convergent en cet unique foyer ; tout est d'accord : l'attrait, le sentiment, l'instinct, l'intelligence, la volonté, et tout cela retentit au cœur ensemble et en même temps. »

— Et *Moi*, avec une femme écrivain, je l'appelle « un violent besoin de sacrifices. »

Vous. — Sans doute, mais...

Monsieur. — Pour une étude, voilà une étude. *Riant :* Puisque nous y voici, je dirai que l'homme, pour moi, c'est son amour...

Vous, rougissant. — Oh !

Monsieur. — Et si j'osais citer la parole d'un grand saint...

Vous et *moi*. — Allez, allez.

Monsieur. — Saint Augustin a dit : « Aimez-vous la terre, vous êtes terre ; vous êtes dieu, si vous aimez Dieu. »

Vous. — Citons toujours. L'auteur des Maximes a dit : « C'est par le cœur que l'homme vaut quelque chose. »

Moi. — Et il me semble, avec Larochefoucault et vous, que s'il fallait dresser des autels à quelque chose d'humain, j'aimerais mieux adorer la poussière du cœur que la poussière du génie. (1)

Vous. — Que nous sommes loin de la Reconnaissance !

Moi. — Tout près, puisqu'elle est la fille de l'Amour.

Monsieur. — La charité nous fait un ordre d'aimer les indifférents autant que

____

(1) Lacordaire, *Conférences*.

nous ; elle doit donc nous autoriser à aimer nos amis plus que nous-mêmes. L'expression de cet amour, c'est, à mon avis, la Reconnaissance.

Vous. — La grande vertu de M. Rolland. S'il y a des gens qui ne donnent jamais leur cœur, mais le prêtent quelquefois à gros intérêts, on peut dire qu'il y en a d'autres prodigues d'eux-mêmes, riches seulement de ce qu'ils donnent, le cœur dans la main et la main toujours ouverte. Ils ont compris que donner sans s'imposer des sacrifices, c'est seulement effleurer les joies de la charité. Et comme ils veulent les goûter toutes...

Moi. — Je pense involontairement à Lui et à son Asile. Se priver des joies les plus intimes, subir des tristesses, être abreuvé d'outrages pour l'amour d'un homme qui n'est plus, voilà son histoire. C'est l'histoire de l'Amour dans ce qu'il y a de plus sacré, l'histoire de la Reconnaissance, une page à ajouter à l'histoire du cœur humain.

« Nous avions quitté la grève, et, du Boulevard du Casino, nous regardions la houle bleuâtre, les vagues frangées d'argent et les vaisseaux aux longs mats qui passaient au loin. Et cette immensité, et ces frémissements, et cette vie sur l'abîme arrachaient à nos âmes ce cri que je retrouve souvent depuis sur mes lèvres : « Que l'homme est petit en présence de Dieu dont l'Océan est l'image ! mais qu'il doit être grand quand il porte en lui quelques-uns des attributs de la Divinité ! » Puis, lentement et presque en silence, après des heures si douces, nous regagnâmes la rue Gambetta où, tous ensemble, nous écrivîmes à l'heureux père de Maria ce billet aimable dont aucun de nous n'a perdu le souvenir. Le soir, vous étiez à Biarritz, nous à Saint-Jean-de-Luz, l'âme vibrante d'émotion et souhaitant la biographie que vous nous donnez aujourd'hui. »

FIN

TABLE

—

TARBES. — IMP. ÉMILE CROHARÉ